誤解されても放っておく

Now, If You Misunderstand Me,
I'll Let It Go

キム・ダスル

カン・バンファ＝訳

三笠書房

それが「どのくらい大切か」を知る方法

どのくらい大切かを知る方法は、１つ。
それを失うことだ。

親は子に望む。
勉強し、成功してほしいと。
病気の子をもつ親は言う。
勉強も成功もどうでもいい、
ただ健康であってほしいと。
わが子に先立たれた親は言う。
なにも要らないから、どうか戻ってきてほしいと。

子は親に望む。
どうせなら贅沢な暮らしをしたかったと。
病気の親をもつ子は言う。
なにより元気でいてほしいと。
親を亡くした子どもは言う。
なにも要らない、ただ生きていてほしかったと。

恋人たちは相手に望む。

もっとやさしくしてほしいと。

仲違いすればこう言う。

以前の関係に戻りたいと。

愛する人を失うとこう言う。

どうだっていい、とにかくそばにいてほしいと。

人はいったい、いつになれば

本当に大切なものに心から気づけるのだろう。

存在そのものが尊くありがたいのに

それを忘れてどこまで多くを望むのだろう。

失ってみなければわからないのだろうか。

そうして初めて痛感し

胸を叩いて後悔するのだろうか。

もしかすると神様は

そんな浅ましさに呆れ果てて

あらかじめ仕組んでおいたのかもしれない。

苛酷にも必ず、大切なものを失うように。

キム・ダスル

もくじ

1章　心をすり減らされたら、たまらない
──誤解するのはたやすく、
　　人間関係はやっかいなものだから

2章　誰からも傷つけられる必要はない

—— いちいち気にしていたら、疲れるだけ

3章　転んでも、また立ち上がればいい
──すべての経験は、あなたの血となり肉となる

◇

4章　あなたがいて、本当によかった
——そばにいて、わかり合える喜び

本文イラストレーション　スローアス

1章

心を
すり減らされたら、
たまらない

――誤解するのはたやすく、
人間関係はやっかいなものだから

1 相手に「沈黙される」のは怖いこと

沈黙の怖さに気づいたほうがいい。相手をがっかりさせてしまったにもかかわらず、なにも言ってこない。それは、大したことではないと受け流しているのではない。何度もがっかりさせられた末に、すべてを諦めて目を背けているのだ。

あなたに気持ちを注いでも無駄だと、線を引いている。人が人を諦めると、もう取り返しがつかない。

信じるたびに、とことん裏切られたから、ついに諦めてしまった。こうなると、もう手遅れだ。今さらどんなにやさしくしても、ふたりのあいだにどんな嬉しいことがあっても、どうしてもがっかりさせられた記憶とつながってしまう。

人そのものを信じられなくなったから。「もうしないよね」と信じていたぶん、「またするんだろうな」と心に刻みつけられてしまう。この傷は深く、生涯続く。まさしく呪いだ。

人間関係で相手をがっかりさせることは、いくらでも、何度でも起こりうる。でも、同じ失敗はくり返さないほうがいい。これは、人との関係において欠かせない努力だ。相手を沈黙させないことは、最低限のルールだから。

2 「正しく学んだ人」の生きる姿勢

1. 自己合理化しない

人の振り見てわが振りは直さない、そんな矛盾ほど不快なものは
ないと知っている。日ごろから、人のアラを指摘するよりも、自
分の言動を一致させるべく不断の努力を続けている。

2. 自分を客観視する

美化するような合理化もしなければ、マイナスに拡大解釈するこ
ともない。事実を客観視して、ありのままに判断する。自分自身
を知る上でいちばん大切なことだ。

3. 話すときは、相手を基準に

どのような意図があるにせよ、相手を不愉快にする言葉を使うのはよくない。それを普段から肝に銘じて、気をつける。相手の立場で思いやりをもって話す。

4. 行動するときは、自分を基準に

いざ自分が行動するとなったときは、他人の基準をあてにしない。人の目を気にせず、自分を信じてひた走る。

正しく学んだ人は、なによりも、自分が学んだことを実践する。実行に移さなければ、すべては机上の空論に終わってしまうから。

3　「間違って学んだ人」の生きる姿勢

1. 善意を権利にすり替える

人の善意を当たり前に思う。最初から自分に与えられていた権利であるかのように。相手に貸しでもあるかのように、人をこき使おうとする。ひどいときは、自分のほうがしてもらっている立場だということも忘れ、これでは足りないと文句を言う。

2. 相手が我慢しているのを逆手にとる

相手は口げんかになるのがいやで、言葉を呑み込む。気持ちを押し殺してようやく受け流しているのに、すっかりつけあがって相手をぞんざいに扱う。

3. 自分の金は一銭も使わない

もらうだけで、与えることを知らない典型的な人間。自分の食べるもの、着るもの、遊びにはいくらでも使う。使っていないサブスクリプションには料金を払いつづけるくせに、人のために出すお金はない。お金がないなんて言い訳にすぎず、誰かのおごりと「無料」に目がないケチん坊であることを本人だけが認めない。節約とは、自分に使うお金をきりつめることであって、相手に使うお金を出し惜しみすることではない。

自分の労苦にはご褒美を求めながら、人の労苦は当然とみなす、間違った姿勢。かつて僕も、そんな人間のひとりだった。

多くの人が、認めたくないから目をそらす。でも、反省し、直さなければ、心の貧しい人間のまま生涯を送ることになる。間違った姿勢は、直せる。正しく学び直せばいいのだ。

4 一度だけ時を戻せるなら

インスタグラムで、「一度だけ時を戻せるなら、いつに戻りたい?」という質問をした。連載エッセイ〈日刊キム・ダスル〉を愛読してくれている読者から、率直な回答をもらった。見ると、顕著な傾向があった。

全員とは言わなくても、年を重ねた人であるほど幸せだったころに戻りたがり、若い人ほど後悔した瞬間に戻ってやり直したがった。

思うに、年を重ねれば重ねるほど、過去にどんな後悔があろうとその時代が輝かしく思われ、若ければ若いほど、後悔ばかりが目の前にちらついて、今この瞬間が輝いていることに気づいていないようだ。

でも、どうか知っておいてほしい。僕たちは今こそ、最も輝かしい時を生きている。今日この日が、この先の人生でいちばん若い日なのだから。この事実を心から理解すれば、きっと今を大切に感じられる。

人間は死の間際に、過ぎ去ったすべての日々を愛おしく感じるという。後悔も、無気力も、絶望も、生きていればこそ感じられるもの。僕たちはここに生きていて、今を生きつづけている。それだけで上々、それだけで美しい。

僕たちはここに生きていて、

今を生きつづけている。

それだけで上々、それだけで美しい。

5 誤解されても放っておく

もう、誤解されても放っておく。これまでは、やっきになって誤解をとこうとしていた。とてつもなく体力を消耗する、疲れる作業だ。でも、そんなことはもうやめた。なにがあっても僕を信じ、僕自身に直接真偽を確かめてくれる真の味方がいることに気づいてからは。

よく見れば、取るに足りない関係であればあるほど、勝手に誤解し、好き放題に噂をまき散らしている。そういう人間には、どうか遠くへ消え去ってほしい。誤解されたままでかまわないから。

誤解は、不必要な人間をふるい落とす道具にもなる。ピンからキリまである人間関係のうち、実のある関係だけが残るのだ。本来、人脈なんてものは、体のいい言葉にすぎない。

ふるい落とせば、実のある関係なんていくらも残らない。さまざまな出会いのなかでも、これぞという人はなかなかいないように。外側についている薄汚れたもみ殻や土は、払い落とすのが正解だ。無駄なものをくっつけていたって、意味のある関係は生まれないのだから。

ささいな誤解でこじれる関係。まるで、誤解が生まれるのを待ち受けていたかのような。軽い風にも吹き飛ばされてしまうような、もみ殻のように薄っぺらい関係。そんなものに傷つく必要はない。不必要な人間関係はふるい落として、残った人たちと、実りある日々をつくっていけばそれでいい。

6 人生に必要な処世術

1. 人の良さがあだになる

意地悪な、悪い人間になれというのではない。でも、時には冷た
くあしらえる人でなければならない。やさしい人はいい人、そん
な発想は時代遅れだ。騙されてばかりの人生を送るつもりでない
のなら。

2. 情の深さを利用されるな

情を捨てろというのではない。その心は、大事な人のためにとっ
ておけばいい。これも縁だと、誰彼となく情をかけてはならない。

3. できるからと身を乗り出すな

なにかと人を矢面（やおもて）に立たせておいて、自分はそういう人を陰から利用する、卑劣な人間だらけの世の中。時間は、そんな人間のために費やすのではなく、大切な人のためにとっておこう。自分にとって大切な人に助けを求められたら、すぐに駆けつけられるように。

4. 沈黙は知恵なり

賢い人は口を閉ざす。たくさん話して状況が好転することはほとんどない。とくに、感情的になっているときは、口を開けば開くほど状況が悪化することを忘れないで。下手に対応するより、黙っているほうがよほどいい。

処世術を用いるのは
卑劣なことではない。
それは、最低限の自己防御。
自分の未来は、自分自身にかかっている。

7　一度のしくじりで壊れる関係

どんなに相手にやさしくしても、どんなに心を捧げても、たった一度のしくじりで壊れ、たった一度の誤解でダメになる。それが関係というものだ。それまでの努力が水の泡となるのだから、打ちのめされて当然だ。

誰より愛していた人、数少ない親友との関係が、一瞬にして無に帰することに呆然とする。関係とはそれほど難しいもので、だから傷つくことも多い。

もっと自分に投資しよう。人にどれほど時間やお金をつぎ込んでも、その関係が破綻してしまうリスクはなくならない。だから、自分である程度の線引きをしておくといい。

人につぎ込んでいたぶんを自分にふり向ければ、自信と落ち着きを得られる。自己啓発の価値を甘く見てはならない。

時間、お金、情熱、努力、こうした財産を自分を高めるために使うといい。それこそが、最後まであなたのもとに残るものだから。

8 「理想的な関係」は
　　相手を信頼することから

「信頼する」とは、人間関係を整理するのにもってこいの方法だ。相手を信頼することには、大きく2つの効果がある。1つは、人間関係をふるいにかけられること。もう1つは、期待以上の成果を得られること。まずは自分から相手を信頼してみよう。このとき、相手の出方は2通りある。あなたからの信頼に応えようとするか、あなたからの信頼を裏切るかだ。

言うまでもなく、あなたが選ぶべき人は前者だ。後者は、途中で関係がうやむやになったり、はじめから信頼など眼中になかったり、自分勝手な人だったり。関係は一緒に築いていくものだから、自分のことしか考えられない人間は、すっぱり切り捨てればいい。

信頼があるかないかで、その関係が健康的なものになるか、自分を苦しめることになるかがわかる。そう、信頼は、その人との関係が未来にどうなるかを占う物差しなのだ。

あなたが相手を信頼し、期待以上の成果が得られたのであれば、それは、相手があなたの信頼に応えようと動いてくれたおかげ。その人は、あなたをがっかりさせたくないと思っている。「信頼される」ことには責任が伴うと知っているのだ。

ただでさえ世知辛いこの世の中、他人を信じることはそう簡単ではない。人から信頼される経験はとても貴重で、軽く受け止めるようなことではないから、ベストを尽くしたくなる。だからこそ、それなりの結果が出るのだ。期待以上の成果を得られる理由が、ここにある。

そういうわけで、まずはあなたから相手を信じてみるといい。これまでたくさん傷ついてきたからと、誰かを信頼することをためらうなんて馬鹿げている。「この人は違う」と思ったら切り捨てればいいのだから。まずは相手のことを信じ、相手の態度を見てから本物の信頼を築いていけばいい。揺るぎない理想的な関係は、そこから生まれる。

9 「情のもろさ」につけ込んでくる人

「いやだな」と思いながらでもしぶしぶ見逃してあげると、それに
つけ込んでくる人間がいる。そんなふうに自分と相手との関係性
や、こちらの情のもろさを利用する邪な人間は、どこにでもいる。

冷たく突き放すことができず、自分が損をするとわかっていても、
頼みを聞いてあげたり、事情を理解してあげたり、「今回だけ」だ
と見逃してあげたりする。そうすれば相手は「二度とくり返さな
い」と心に留める。それが本来の人の心というものだ。

反対に、良心があるなら反省してしかるべきところを、こちらが時間的にも金銭的にも犠牲を払って都合をつけてあげたことで、かえってこちらのことを甘く見る人間もいる。そして、今度はみずから進んでそういう状況にもっていこうとし、こちらの気の弱さを利用して、自分のいいようにこき使う。

あなたのやさしく繊細な心は、そんな奴らに利用されるためにあるのではない。もっと大切な、果たすべきことのためにあるのだ。

幸いにも、結局は「似た者同士」が集まって足を引っ張り合っている。そんな世界であることに、心なしか、ほっとする。いい人はきっと、いい人同士で集まるのだと信じられたから。

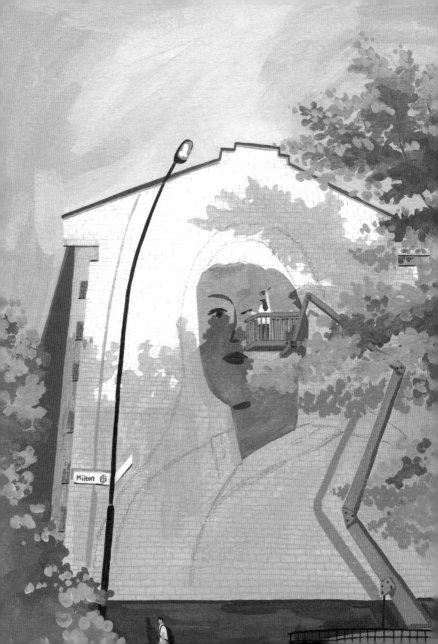

信頼があるかないかで、
その関係が健康的なものになるか、
自分を苦しめることになるかがわかる。
そう、信頼は、
その人との関係が未来にどうなるかを占う物差しなのだ。

10　自分の無礼を相手のせいにしない

自分の無礼を棚に上げて、相手が気難しいせいだと言う。逆ギレすることも珍しくない。ふてぶてしい顔で卑怯な手を使いながら、当の本人は「なにが問題なんだ」と開き直っている。

それどころか、「そっちが必要以上に神経質なのだ」と、こちらを変人扱いする。良心がないのではなく、自分の無礼に気づいていないのだ。そこまで深く考えたことがないから。

一方で、あなたの前でいつもと違ってピリピリしている人がいたら、そこには必ず理由がある。配慮も遠慮もないあなたの言葉や行動が、その人の神経を逆撫でしていることがあるのだ。そんなことがしょっちゅうとなれば、態度には出なくても、相手の心には積もるものがある。

それは、苛立ちだったり、残念な気持ちだったり。こちらへの不満が溜まる一方で、いっこうに解消されないから、知らないうちに不満が洩れ出ているのだ。なんとか冷静になってあなたに思いを伝えても、「そっちが神経質すぎるんじゃないの？」と呆れた言葉を聞かされることさえある。

誰かがふいに神経質な態度に出る理由がわからないなら、それはあなたのせいだということに気づこう。先に無礼をはたらいておいて、相手を神経質な人に仕立て上げた自分を恥じてほしい。

11　相手の態度が急変する理由

人が突然、態度を変えるのには、必ず理由がある。はたから見れば、突然すぎて思いもかけない変化に感じるかもしれない。今になって本性を現したものと誤解されることもある。

でも、当人からすれば、言葉にできない感情が積もり積もって、一気に爆発したというのが大きいだろう。ずっと我慢してきたから、周りが気づけなかっただけで。

抑え込んできたものが沸点を迎え、もう限界だとあふれ出たのだ。ある特定の人物や状況が、爆発のきっかけになることもある。多くの場合、ストレスを与える原因はすぐ近くにある。

その結果が、突然の態度の変化として現れたのだ。それだけの理由があり、そうなるしかなかった。だから、恨んだり責めたりするより先に、それだけの事情があったのだと理解してあげてほしい。

なにがあったのかと問いつめることで、かえって傷つけてしまう可能性もある。それよりも、自分から話してくれるまで、そばでやさしく見守ってあげてほしい。これまでずっと、あなたや周囲の人たちのために我慢し、耐えつづけてきた人だから。

12 ある程度わがままに生きてもいい

毎回毎回、我慢し、譲る必要はない。相手にとげのある言葉をぶつけたくなくて、たいていのことは自分が我慢する。相手の都合を聞いて、自分が合わせようとする。こういう気の遣い方をする人は、「譲る」ことはいいことだと教え込まれて育ったケースが多い。

やさしい人はいい人、そう学んだのだ。でも、これは犠牲ともいえる。心ではそう思っていないのに、最終的に他人を優先し、自分を犠牲にしている。この先ますます時間を奪われるようになり、身も心もぼろぼろになるのは目に見えている。

知っておいてほしいのは、相手のためにどれだけ自分を犠牲にしようと、どれだけ身を捧げようと、そんなこととは無関係に、去っていく人は去っていくということ。大半の人間関係がむなしく不毛なものに思えるのは、このためだ。

つまり、自分にとって大切な人以外に心を砕く必要はない。自分を優先し、ある程度わがままになることも大事だ。周りの人すべてに合わせて自分を犠牲にしなくても、あなたのそばに残る人は残る。

そうして残った人にだけ、心と時間を費やせばいい。それが、賢く健康的な関係を築く方法だ。もしや嫌われ者になるのではないかと、ためらわないこと。あなたはすでに、じゅうぶんいい人だ。

13 世の中には「信じて頼れる人」が 1人はいる

誰も信じられない世の中に思えるけれど、よく考えてみれば、信じて頼れる人が1人はいる。利害関係や損得勘定などにとらわれず、ひたすら自分の成功を祈ってくれるありがたい人。

とくになにかを求めるでもなく、あれやこれやと世話を焼いてくれる。元気かと尋ね、関心を向けてくれる。健康を願う気持ちから、なにかと気にかけてくれる。おせっかいや過干渉ではなく、心から心配し、応援してくれることが心底ありがたい。

ところが、こういう人は見返りを求めているわけではないから、これといって恩に報いる機会もない。でも、だからこそきちんとお返しをしたほうがいい。こういう恩人こそ、数少ない、必ず感謝を伝えるべき相手だ。それが、嬉しいニュースであっても、ささやかな贈り物であっても、温かい真心であっても。

こういう福の神の場合、直接訪ねて行って元気な顔を見せ、顔をほころばせておしゃべりするのがいちばんいい。まっすぐな心には、まっすぐな心で応えよう。

14 「この人にお金を使うのは もったいない」と感じるとき

「コーヒー1杯おごるのも、もったいない」と思ってしまう人と、食事に始まり、2次会、3次会まで行っても足らず、家にまで招待したくなる人がいる。コーヒー1杯分のお金くらい、道で落としてもさして気にならない額じゃないかと言うかもしれない。

でも、それくらいの金額を使うことさえ、もったいないと感じる人がいる。たいていは、否応なしに同席することになった人だ。相手に興味も湧かなければ、同席しているあいだも時間を持て余してしまう。反対に、存在そのものがありがたい人、尽くしても尽くし足りないと感じる人がいる。

つらくてみじめな日々を過ごしていた時代に、自分のことを見捨てなかった人。異性であれ同性であれ、心から慕(した)っている人。ずっと憧れていた人。見習うところが多く、尊敬している人もそうだ。理由はさまざまでも、自分に生きる力を与えてくれた人たちだから、なにをどれだけ差し出そうが、ちっとももったいなくない。

どうせなら、自分にとって意味をもつ人にお金と時間を費やそう。なにかにつけて自分を利用しようとするだけの人は、できるだけ遠ざける。代わりに、かけがえのない縁を大事にしよう。そうすることで、人生はより有意義なものになる。

15　いつも「時間がない」と言ってくる人

いつも「時間がない」と言っている人と、無理にお近づきになることはない。時間は平等だ。時間があるから会うのではなく、なくても時間をつくって会うのだ。それだけ相手を大事に思っているから。

時間があるときだけ会う関係には、限界がある。自分はわざわざ時間をつくるほど大事に思っているのに、相手はそうではないからわざわざ時間をつくろうとはしない。

本来、なにかを優先しようと思えば、犠牲は付き物だ。それは仕事であったり、スケジュールであったり、ほかの人との友情であったり、面倒くさいことであったり、余暇や休息であったりする。それでもあえて、時間をつくって会おうとするのだ。

自分はなに１つ犠牲にしようとしない人と、未来は描けない。いくら心惹かれたとしても、もっぱら自分のことしか考えていない利己的な人とは。そういった一方的な犠牲を強いられる関係は、とっとと断ち切ったほうがいい。

それでも、相手に合わせ、すべてを犠牲にしてでも会いたいというなら止めはしない。ただ、いっさい報われることのない一方通行な関係がもたらす苦しみに耐える自信はあるか、自分の胸に聞いてみることだ。

16　こんな関係は手放していい

疎外感を覚える関係なら、手放そう。先に裏切ったのは向こうなのだから、いつまでもしがみついているのは馬鹿らしい。苦しいばかりの、いいことなど1つもない関係。

一緒に過ごした時間のぶんだけ、親しい仲だと思っていた。もっと仲良くなろうと、精いっぱい努めた。それなのに、返ってきたのは裏切りだけ。知らない話が飛び交い、うまく会話に入れない。自分以外のメンバーだけで遊ぶこともある。

連絡をするのも、元気かと尋ねるのも自分から。向こうから連絡
してくるのは、必要なときだけ。会えば会うほど悲惨な関係だ。
こんな関係が続くと、寂しさを通り越して、みじめな気持ちにな
る。

どんどん小さくなっていく自分がいやになる。こういう人間関係
はなんの足しにもならないばかりか、切り捨てたほうが幸せだ。
互いに手を差し伸べ、頼ることのできる健康的な関係は、無理を
せずともひとりでに訪れる。

健康的な人間関係を大切にし、続けていけばいい。そのためには、
誰とでも親しくし、むやみに情をかけるようではいけない。相手
をきちんと見極めること。自分をのけ者にする人など、安心して
切り捨てればいい。

17　理解する気なんて最初からない人

わかってほしい気持ちを無残に踏みにじられるのは、はなから理解する気のない人に、理解してもらえることを期待しているから。これくらいのこともわかってもらえないのか、そう思う瞬間がある。

それなりの事情があって追いつめられ、切実な気持ちで話を切り出す。自分と同じ目線に立って考えてくれるだろう、そう思いながら。

ところが、フンフンと聞いているふりをしながら、内心では別のことを考えている。はじめから聞く気などないのだ。

味方が欲しくて話したのに、まるで審判のような口ぶりでくどくどと問いつめる。手伝ってほしくて頼んだのに、延ばし延ばしにして断ろうとする。そんな状況でも、自分が悪い人になることだけは避けたい様子が見て取れる。

苦虫を噛んだような気持ちになり、寂しさがこみ上げる。「この程度の仲だったのか」と悟る瞬間。まるで、やせ細った木の枝だ。乾きに乾いて、打てば折れてしまうような関係だとわかってしまったから。

18　あの人との関係が続くのは
　　当然ではない

関係において、以前は当然だったものが、そうではなくなること
がある。お互いに忙しくなり、余裕がなくなる。連絡が乏しくな
り、顔を合わせることも減っていく。

年を追うごとに責任を負うべき家族が増え、やるべきことが積み
重なり、気を遣うことが多くなる。これを人生の深みという人も
いるが、後味はどこかほろ苦い。

一方で、年を追うごとに、いっそう価値を増すありがたい関係も
ある。わざわざ連絡をして訪ねてきてくれる人、久しぶりに会う
のに小さなことを憶えてくれている人、誕生日や特別な日を忘れ
ず祝ってくれる人、つらく苦しいときにそばにいてくれる人。

どんなに多くの知り合いがいても
こういった関係はなかなかない。
こういう貴重な関係こそ
光輝くありがたい縁だ。

自分から縁をつくることが難しいなら、少なくとも、向こうから
やって来た縁を大切に思える人になろう。そういう相手に感謝を
伝えられる人になろう。そうしてこそ、あなたもいい人になれる
のだから。

19 時間は「要らない縁」を ゆっくり濾していく

時間とは、濾紙のようなもの。時と共に要らない関係を濾過し、のちには中身のぎゅっと詰まった人だけが残る。自分のためにならない関係はきれいに濾される。

うわべだけの関係が真っ先に消え、親交はあっても浅い関係が次に消える。こんなふうに、あってもなくてもいいような無駄な関係は、どうせ長続きしない。

だから、もしも自分の周りに、ためにならない関係がどかっと腰を据えていたとしても、なんら心配することはない。誰が味方か、誰が本当にいい人か、今すぐ見分けようと焦ることもない。

時間は多くを教えてくれる。誰が味方なのか、はっきりと区別してくれる。道理をわきまえ、やるべきことをやっていれば、いつか残るべき人だけが残る。そうして健やかで、ためになる関係に囲まれた日常が訪れる。

20 誰も信じられなくなる理由

どうして誰も信じられなくなるのだろう。愛情や友情に関してや
けどをすると、人を信じられなくなる。愛情と友情にもランクが
あり、ひと口に親しい関係といっても、いちばん好きな人、いち
ばん好きな友人がいるものだ。

それほどの関係になるまでには、長い月日を共にしながら、深い
共感を分かち合ったはず。ところが人生には、死んでも離れたく
ないと思っていた恋人と別れることもあれば、幼友達に裏切られ
ることもある。

このときのつらさは、とうてい耐えがたい。いちばん近くにいた存在に否定されたのだから。いちばん意味深い時間が、じつは無意味だったのだと宣告されたも同じだから。

本来、あってはならないことだ。いちばんあってはならないことだ。だから、なにかが音を立てて崩れ、心が折れてしまう。その後は誰にも心を開けなくなる。常識で考えても、出会ったばかりの人を、かつて心から愛していた人以上に愛することは難しい。新しくできた友人を、かつて誰より信じていた友人以上に信じることは難しい。

信じるには、かつての恋人や友人と分かち合った以上の月日と心の交流が必要だけれど、それはどだい無理な話。悲しいけれどこういうわけで、年を重ねれば重ねるほど、人を無限に信頼することが難しくなる。

21 秘密を洩らされて許せるとき、許せないとき

子どものころは、「この人なら守ってくれるだろう」という人にだけ秘密を言った。大きくなってからは、「この人になら洩らされてもかまわない」という人にだけ秘密を言うようになった。似ているようで、まったく違う。前者は、秘密を洩らされたら許せない。後者は、秘密を洩らされても許せる。

前者は、相手より自分が優先。秘密を洩らされることは裏切られることと同じだから、信頼が崩れ、信じたぶんだけ傷も深い。許すことなんて考えられない。

後者は、自分より相手が優先。秘密を洩らされてもかまわないのは、秘密より相手のほうが大事だからだ。裏切られた腹立たしさや屈辱感よりも相手のほうが大事なら、許せる。

ＳＮＳで僕と僕の文章を応援しつづけてくれている読者と話す機会があり、そのなかで、誰にも言っていない個人史を告白したことがある。個人情報と、いくつかの秘密だ。万が一、その人が酒のつまみとしてその秘密を友人に話したところで、裏切られたとは思わないだろう。

残念な気持ちにはなるかもしれないが、秘密よりもその人のほうが大事だからだ。秘密とは、守ってくれそうな人に言うのではなく、洩らされてもかまわない人に言うもの。それが人に対する、より成熟した信じ方だ。

22　少なければ少ないほどいいもの

口数は少ないほうがいい。「沈黙は金なり」「口は災いのもと」などのことわざは、無駄にあるわけじゃない。価値観は人それぞれ、だから口を慎むこと。

誰かが正しく、誰かが間違っているわけではなく、みんな正しい。なにを正しいと考え、なにを信じるかは人それぞれだから。自分の正しさを相手に認めさせようとして、その一線を越えてしまうと、相手は侮辱されたように感じる。信念を否定されることは、それまでの人生を否定されるのと同じだから。

どんな席でも思想や理念、宗教、政治の話は避けるのがマナーだ。そういう話題は葛藤を生み、あっという間にケンカにつながる。

昔から、大人が酒の席で始めるケンカの原因のほとんどがこれだ。だから、相手に配慮するという意味で、口数は少ないほうがいい。すると、おのずと相手の話に耳を傾けることになり、信頼を得られる。

口数が少なければ少ないほど、平和が保たれるというわけだ。要らない言葉を慎む、そんな知恵をもとう。ただし、これは他人が相手の場合。家族や愛する人には、反対にどんどん話しかけ、積極的にコミュニケーションをとったほうがいい。両者を分けて考えよう。

23 その言葉に込められた裏の意味

1. やっぱりいいや

本当の意味で言っているわけではない。心はすでに傷つき、ああ、この人にとって自分はこの程度の存在なのか、と見切りをつけているのだ。これ以上、感情を消耗したくないし、時間の無駄だとわかったから。

2. もういいよ

言い訳はもう聞きたくないという意味だ。求めているのは、長たらしい言い訳ではなく、そんなことは二度と起きないという確信。確信を与えてくれる言葉と、行動の変化を求めているのに、終始言い訳に徹する姿に呆れたとき、この言葉が口をついて出る。

3. なにも言いたくない

そんなわけがない。言いたいことは山ほどあるけれど、諦めた。
腰を入れて力説したところで聞かないのだから、むなしいだけだ。
あたかも、壁に向かって話しているように。相手にする価値がな
いとわかり、通じ合いたいとも思わなくなる。

言われた側は、なにを突然、と思うかもしれないが、言う側は、
このような言葉に行き着くまでずっと我慢してきたのだ。

長いあいだ、多くの瞬間で
自分をぐっと押し殺してきた。
これ以上は押さえ込むスペースもない。
だから決断したのだ。
もうかまわないことに。

「正直」を盾に、人を傷つける言葉を平気で口にする。

正々堂々たる武器だとばかりに振り回し、

相手の心をずたずたにする。

そんなケースのほうがずっと多い。

24 勢いにまかせた口約束に要注意

簡単に約束してはいけない。約束しておいて、「また今度」「次の機会に」という具合に先延ばしにすることは意外に多い。威勢のいい口約束は、その場の好感度にはつながるかもしれないけれど、守られなかったり先延ばしになると、不信感は倍になる。

信頼にひびを入れる近道。約束はひとりではなく、相手がいるものだから。「そのうち会おう」「また連絡する」「次は食事でも」といった挨拶言葉なら問題ない。よくある「またね」という軽い挨拶の延長線上にある、いっそう親しみのこもった表現といえるだろう。

それだから混同するのだろうか。具体的に、いつ、どうやって、なにをするかまで一緒に決めた約束を、まるで挨拶言葉だったかのように軽々しく反故にする場合がある。

自分に用事ができたからと、一方的に延期したり中止したりする。調子に乗って、深く考えもせずにその場の流れで約束する。相手に好かれたいという気持ちから、あれもこれもと自分から約束をもち出す。

そのどれもが、関係にひびを入れる行動だ。相手から、自分勝手な人間、ないしは、口先だけの人間とみなされてしまうから。

25 相手を傷つける真実、
   相手の心を守る嘘

「正直」を強調する人は避けたくなる。もちろん状況にもよるし、僕も以前は、正直なことはいいことだと思っていた。でも。

「正直」を盾に、人を傷つける言葉を平気で口にする。正々堂々たる武器だとばかりに振り回し、相手の心をずたずたにする。そんなケースのほうがずっと多い。

人間関係には、ある程度の嘘やオブラートが必須だ。それは時に、礼儀や礼節、思いやり、処世術となる。

礼儀正しくあるため、傷つけないため、円満な関係を保つために大事なこと。ほんの少し人と関わってみるだけで、正直であることがつねに正しいわけではないことに気づく。

嘘が正直に勝るわけがないという思いが、しきりに頭に浮かぶかもしれない。でも、そもそもの目的が相手を騙すことではないなら、皮肉にも、相手を傷つける正直さより、相手を守る嘘のほうがずっとやさしい。

26 最悪の慰め方

「あなたよりつらい人だっている」こんな慰め方があるだろうか。これは慰めではなく、たんなる圧迫だ。そのくらい、どうしたの。私のときはもっとひどかったし、そんな私よりつらい目に遭っていた人もたくさんいた。だから、小さなことでふさぎ込んでる時間があったら、もう一度頑張ってみなよ。そんな本音が見え隠れする言葉だ。

実際、こういう考え方の人と話してみると、会話は十中八九、上のような流れになる。でも、つらさは誰かと競うものではない。人と比べて順位を決め、勝利の金メダルを首にかけるようなものではない。

だから、そんな言葉はなんの慰めにもならない。喜びや楽しみが人によって異なるように、挫折の沼も人によって深さが異なる。

つらさとは絶対的なもので、人と比べられるようなものではないからだ。上のような言葉が慰めになると思っている人には、その人が嬉しそうに笑っているときにこう言ってやりたい。「あなたより嬉しい人だっている。だから、その程度で喜んでちゃだめだよ」。置き換えてみれば、いかに馬鹿げた話かわかるだろう。

元気づけたいという気持ちはわかるが、アプローチが間違っている。元気は、強要や圧迫で湧いてくるものではないことを知り、どうか耳を傾けてあげてほしい。じっと聞いてうなずいてもらえるだけでも、やり場のない気持ちがずいぶん和むはずだから。

27 善意という名のおせっかい

要らない干渉とおせっかいは、よしてほしい。それを「相手への関心」と思い込むことも。相手が求めるときに示すのが関心であり、求めてもいないのに口出しするのは、よけいなお世話にほかならない。

おまけに、本人はそれをまったくの善意だと信じ、相手のためだと思っている。ひとりで勘違いしている。好感を抱いて連絡先を尋ねる行為も、相手が望まないのにくり返せば、深刻なストーカー行為になるように。

関心をもたれる側がいやがっているのであれば、その行為は不快な干渉、煩わしいおせっかいになる。関心を寄せる側がいくら善意だと言い張っても、そもそものピントがずれている。

間違えてはいけない。ピントを合わせるべきは、言う側ではなく、聞く側だ。相手が関心をもってほしいと願ったり、アドバイスを求めたりするタイミングは、別にある。

そもそも、相手への関心を干渉やおせっかいという形で表現する必要はない。ほかに気持ちのいいアプローチや表現方法がいくらでもあるのに、あなたは別の方法について、悩もうともしなかったということだ。

28 一方的に話す人

自分の話ばかりしようとする人は、遠ざけたほうがいい。相手への配慮など、もち合わせていないからだ。会話は相互作用。一方通行ではなく、双方向でやりとりされるのがコミュニケーションだ。

一方の考えと言葉だけで成るものは、会話とはいえない。それは通告や強要にすぎない。ところが話してみると、最初から最後までひとりでしゃべっている人がいる。

相手の話をまともに聞かず、右から左へ聞き流す。時に耳を貸すことがあっても、自分の話のネタになるような部分を見つけて、会話を横取りする。

相手のことなどどうでもいいから、空気を読めない。誰がなんと言おうと正しいのは自分、そんなふうに自分の意見に固執（こしつ）する。聞く人のことは考えない、自己中心的な思考回路。

終始こういう利己的な態度をとるため、聞く側は不快感を覚える。ほどなくして愛想が尽き、一緒にいるのがいやになる。会話で大切なのは、口より耳だと憶えておこう。

29　口先だけの人

大切だよ。口ではそう言うけれど、行動が伴わない。そんな人とは別れたほうがいい。確信を与えてくれない「本気」は、すでに「本気」としての価値がない。

嘘というメッキが剝がれたのだ。薄々気づいていた。言うこととやることがかけ離れていたから。
それでも信じたくて、思い過ごしだと願う気持ちから、気づかないふりをしていたのかもしれない。

握るその手が赤く染まるほどひび割れ、裂けても、そのうち解決するものと自分に言い聞かせた。愚かなマネをしていたと気づくまでには、ずいぶん時間がかかり、あとには抜け殻のような自分だけが残った。

同じ過ちは、二度と犯さない。傷つくのが怖くて目の前の現実から目をそらすようなことは、もうしない。そんな苦しみをもたらす関係は、ゴミ箱に放り込むように、さっさと片付けてしまうのが正解だ。

30　相手の話をねじまげて聞く人

なんでも意味をねじまげて聞く人がいる。話せば話すほど関係が
悪化するタイプだ。誤解をとこうにも、ねじまげて聞くのだから
どうにもならない。とくに、いったん気分を損ねると、相手の言
葉を一から十までねじまげて聞き、何かにつけて揚げ足をとる。

もどかしいというより、コミュニケーションがとれない。そうい
う意味で言ったわけでも、そういう意味で行動したわけでもない
のに、つねに行為の裏側を見ようとする。隠れた意味を探り、自
分なりの解釈をつけるのだ。そこまではまだいい。問題は、あり
もしない意味をつくり出したり、事実とはかけ離れた意味に受け
取ったりして、気に病んで極端な思考に走ることだ。

特徴は、論理の飛躍が激しいこと。たとえば、何度か連絡がつながらないことがあれば、「なにか事情があるんだろう」と思うのが普通だ。ところがこれを、「あの人は変わった。気持ちが冷めたんだ。私のことが嫌いになったんだ」という極端なとらえ方をする。たんに都合が悪くて、しばらく連絡がつかなかっただけなのかもしれないのに。

途中の過程をすっ飛ばしているのだ。大事な結論を出すには、中間ステップを省略してはいけない。にもかかわらず、それまでの経験と心の傷から、わずかな行き違いにも敏感に反応し、先走って自分の想像だけで判断する。だから、相手の言葉をねじまげて聞いてしまうのだ。

相手の話を鵜呑みにする必要はないけれど、自分がねじまげて聞いていないかどうか、落ち着いてじっくり判断する必要がある。ささいなことを、あたかも重大な事実のように拡大解釈する癖がついてしまうと、自分に毒となるばかりか、関係を破綻させることにもなるからだ。

31 「あなたのためを思って」という干渉

会話中、指示をするのが習慣になっている人がいる。教え諭そうとしたり、ああしろこうしろと言う。本人はそれを、相手を心配してのこと、相手のためと思い込んでいる。

相手にあれこれ口出しすることをある種の応援ととらえてきたため、そうすることが当たり前になってしまっている。でも、そう思っているのは本人だけで、聞かされる側にとってはいい迷惑だ。

意識せずとも、こういう人は本能的に避けたくなる。人に指摘されて気づいたとしても、死ぬまで直らない場合がほとんどだからだ。

話すときには、まず、相手がどのように感じ、どのように受け止めるだろうかと考える。それだけで、要らない干渉やおせっかいは引っ込められる。家族からの小言を聞くのもいやなのに、他人の指示など誰が喜ぶだろう。

指示するのが癖になっている当人も、小言が原因で家族と揉めたことがあるはずだ。自分のためを思って言ってくれているはずなのに、なぜ聞きたくないのだろう。その点を考えればわかりやすい。相手のためを思う言葉も、その人にとっては、はた迷惑以外のなにものでもない。

32 「どんなふうに生きてきたか」は
　　飾りでは隠せない

だんだんと、人の軌跡を見るようになる。その人がどんなことを言い、どんな服を着て、どんな時計をつけ、どんな車に乗っているかはどうでもいい。それはすべて、本人が演出しようとしている姿。うわべにすぎない。

過去には、見せかけに惑わされることも多かった。巧みな口車に乗せられることもあったけれど、今は、饒舌だとかえって信じられなくなる。

ブランド品や立派な車、豪勢な家が人となりを保障しているように思えたけれど、蓋を開ければイカサマだらけだった。

行動のあとには、軌跡が残る。車輪が通った跡のように、飛行機が飛び去ったあとの飛行機雲のように、なにかを成し遂げた過程や痕跡が残る。それだけが真実だ。

どんなに飾り立てても、生きてきた態度や歩んできた道は隠せず、嘘で覆い隠すこともできない。会話をすればするほど、普段の行動を見れば見るほど、どんな人かわかってしまう。知らないうちに、体に染みついているものだから。嘘偽りのない人生を歩んできた人は、そのあとに残る軌跡も、美しい曲線を描いている。

33 「心」と「やりたいこと」を直線で結ぶ

「心」と「やりたいこと」を直線で結ぼう。時間はいちばん貴重なものだから、戸惑うなんて禁物。遠回りする理由がない。

いいなと思う人がいたら、その想いをきちんと表現する。とうてい受け入れられない人や物事は、はっきりと断る。行きたい場所があったら後回しにせず、日にちを決めて出掛ける。食べたいものはとっておかず、好きなだけ食べる。

積極的に動けば、人生にメリハリがつき、あなた自身の輪郭もはっきりする。ぼやけた人生でいい、なんて人はいないだろう。これは、自尊感情に直結している。

ただでさえ手に入らないものだらけなのだから
このくらいは自分から動いてもいい。
でなければ、後悔ばかりが残る。
実践するのに大げさなものは要らない。
小さな勇気と知恵さえあれば。

34 自分の大切な一日を守る
    「防衛手段」

いい人が10人いても、嫌いな人が１人いるせいで一日が台無しになる。手にとげが刺さると、その部分以外は平気なのに、気になって仕方ない。そのまま放置すれば傷が悪化し、腫れて化膿（かのう）することもある。

同様に、周りにどんなに多くのいい人がいても、嫌いな人が１人いるせいでピリピリする。嫌いな人の言動は、ささいなことでも気に障（さわ）り、１つ１つが鋭いとげのように食い入ってくる。

やることなすこと理解の範囲を超えていて、「どうしたら、ああなるんだろう」と思う。あんな人と絶対に関わりたくない。問題は、仕事や、そのときどきの状況、なにかしらのつながりのために、いやでも会わなければならないこと。それが今後も続くということ。

目に入ると煩わしい砂粒のように、どうか自分の前から消えてほしい。でも、そうはいかないからストレスになる。そういう人に対するとき、親切ないい人でいる必要はない。無愛想でもいいし、悪口を言われてもいい。怖がらずに、冷たい態度をとろう。

すっぱり線を引き、相手の好き勝手にさせないことだ。ケンカや人身攻撃を勧めているのではない。冷静な態度で間違った点を指摘すれば、相手はしっぽを巻く。時にはそんな攻撃的な態度も必要だ。それが、自分と、自分の大切な一日を守る、最も効果的な防衛手段だから。

2章

誰からも
傷つけられる
必要はない

———————————————————————————————— •

———いちいち気にしていたら、疲れるだけ

35　過ぎたことは気にしない

●

　生きていれば、墓場までもっていくべき汚点の1つや2つは生じるもの。ダメージを負った心は、ぬかるんでどろどろした沼のようだ。後悔と苦しみから、沼は日増しに深くなっていく。体が悲鳴を上げるほど必死にあがいても、一歩も抜け出せないこともある。

　そんなときほど、思い出してほしい。いつだってあなたが先であることを。みずから汚点とみなし、重たく考えれば、周りの人も同じように受け止める。反対に、大したことではないと考えれば、周囲もそう受け止める。

もう過ぎたことだ。過ぎたことだと割り切れば、永遠かと思われた痛みも過ぎていく。過去を振り返り、現在にたぐり寄せる必要はない。

心の解放とは、意外にも近くにある。あなたが自分をどう受け止めるかにかかっている。過ぎたことは過ぎたこと、大げさに受け止めないことだ。わざわざ後ろばかり見つめなくてもいい。

人間の目が前についているのは、前を見て生きろという意味だ。それなのに、後ろを振り返ってばかりいると、視界は霧がかかったように白く霞んでしまう。前を向こう。霧が晴れれば、広々と澄みわたった未来の風景が目の前に拓けるはず。

36　小さなつまずきを 大げさにとらえない

🌸

失望することがあっても、それは思うよりささいなことだ。大げ
さにとらえなくていい。有害なのは、やたらと大げさに考えよう
とする習慣のほう。落ち着いて考えれば小さなことにすぎないの
に、実際よりも大げさに受け止めてしまう。

日常において、小さなミスやつまずきは、よくあること。よくあ
るから、「またか」「そうだと思った」が口癖になる。問題は、そう
いったケースをひとくくりにして、巨大な失望にしてしまうこと。

自分を責めるのに、これほどいいネタはないだろう。力不足や間違いを悔やみ、自分に喝を入れるのはいいことだが、度が過ぎるとよくない。

自尊感情を蝕むことになるからだ。これが続くと、余裕がなくなり、広い心も失われる。そうやって、なにかと神経質な人になっていく。

よくあるミスやつまずきは、ささいなことと受け止めよう。すべてを一連の出来事ととらえる必要はない。同じ人間の身に起こったことが、どれも同じ理由からというわけではないのだから。1つ1つを別件と考えたほうが、よほど事実に近い。

「なにをしてもツイてない」「自分はいつもこう」よりも、「これはこれ、それはそれ」というふうに。そうすれば、自分を責めて落ち込むこともなくなり、ストレスもずっと軽くなる。

37　失敗しても、負けても、
　　　挫折しても、投げ出してもいい

❁

失敗してもいい。負けてもいい。挫折しても、投げ出してもいい。ただし、また立ち上がろう。止まってもいい。休んでもいい。長い休息もいいし、よそ見してもいい。ただし、また立ち上がろう。

また立ち上がるだけで、それまでの挫折は挫折でなくなり、敗北でも、失敗でも、放棄でもなくなる。経験となるからだ。もう一度立ち上がるという行為1つで、すべてが肯定に変わる。

ただの言葉遊びに聞こえるかもしれないが、そうではない。観点の違いだ。現実に成功を収めている人の共通点。成功者は、失敗しても失敗しても立ち上がる。敗北し、挫折のなかで投げ出すが、時がたてばまた立ち上がる。だからこそ、最後には成功する。

同じこと、同じ分野にこだわる必要はない。自分に合わなくて失敗したなら、合うものを見つける。無知が失敗を招いたなら、勉強してやり直す。愚かさが挫折につながったなら、賢い対処法を準備してまた始めればいい。

命ある限り、やり直すチャンスはいくらでもある。
おまけに、経験はつねに自分の味方だ。
罠(わな)にかかった経験のおかげで
次は似たような罠を避けられる。
こんないいものを腐らせておく手はない、
いざ立ち上がろう。

38 転んでも立ち上がればいい

●

転んでも立ち上がればいい。7回転んだら8回立ち上がり、99回転んだら100回立ち上がればいい。そんなの無理だと思うかもしれないが、大丈夫。信じられないだろうけれど、あなたはすでに実践している。

人は幼児期に初めて歩き出してから、何百回、何千回と転んでは立ち上がる。転んだときには痛くて涙も出るだろう。ひどいときはアスファルトで転び、膝が擦りむけて血が出る。

急いで消毒して軟膏（なんこう）を塗っても、傷痕が残る。そうやってできた傷痕が、今でも僕の膝に刻まれている。それでも、立ち上がったのだ。しゃがみ込んで泣くのは、そのときだけ。すぐに忘れて立ち上がり、また挑戦する。

無数の挑戦の果てに、ついに歩けるようになる。歩くことは、人生最大の挑戦にして、試練に違いない。その小さくか弱い体で数えきれないほど転んだ末に、ようやく歩けるようになるからだ。秘訣（ひけつ）は、失敗を失敗と思わないこと。いつまでも泣いて後悔している暇はない。

あなたはそうやって生きてきた。無数の挑戦と、無数の試練を乗り越えてきた。漫画や映画の主人公、YouTubeで成功した有名人の話ではない。これは、あなたの話だ。そんなあなただから、できないわけがない。次も立ち上がればいい。失敗は過程にすぎないのだから。

39　スランプから立ち直る鍵

●

スランプはふいにやって来る。ちゃんとやっていたし、問題はなかったはずなのに、突然なにもかも立ち行かなくなる。いろいろ試してみるけれど、思うようにいかない。人間なら誰しもそんな経験をする。こんなとき、すぐに立ち直れる人と、いつまでも立ち直れない人の違いは、心構えだ。

並外れた勇ましい心構えではなく、むしろ、淡々と落ち着いた心構え。決死の覚悟など必要ない。「またか。じゃ、今度もまたどうにかなるだろう」という動じない態度。

意に介さない平然とした心こそ、スランプから立ち直る鍵だ。スランプに陥ると、気持ちが揺らぐ。波打つ感情にその日の気分を支配され、その激しさに吐き気まで覚える。

人生への後悔が押し寄せるのだ。そのままだと、憂鬱（ゆううつ）と挫折につながる可能性もある。スランプでなにかを失いそうなら、失われるままにしておこう。しがみついてもがく必要はない。もう一度手に入れればいいのだ。

一度は手に入れたものなのだから、二度は無理なんてことはない。
大事なのは、自分を信じること。
なにを失っても、自分自身を失うわけじゃない。
あなたという人間に変わりはない。
いくらでもやり直せるあなたは、今も健在だ。

40 内面から萌え出づる
「気づき」という花

❀

激しく揺さぶられながらも、最後には自分を信じることにしたなら、褒（ほ）めてあげよう。揺さぶられずして咲く花はないように、そのぶん成長し、その過程で気づくこともある。こうして成長するうちに、内面でなにかが開花しはじめる。

内から萌（も）え出（い）づる「気づき」という花は、生涯忘れられない芳香を放つ。貴重な経験になり、ある程度の耐性や知恵もつく。間違いなく、成長の証（あかし）だ。

つらく耐えがたい時間は、成長痛。その苦しさにくじけそうになることもあっただろうに、ギブアップせず耐え抜いただけでもすごいことだ。自分を褒めてあげよう。

威張ったり、自分を過大評価する必要はない。でも、過小評価する必要はなおさらない。よくよく考えれば、自分を信じてあげていないのは、他人ではなく自分だ。

成長があったのだから、未来は今よりきっと明るい。だから、そんなにしょげないでほしい。がっかりしないでほしい。経験と気づきという宝物を得たのだから。自分を信じて、一歩前へ踏み出そう。

41 風になびく葦のような心

心が乱れているときは、ああだこうだと思い迷う。そわそわと落ち着かないなら、あなたの気を散らせるなにかがあるということ。どうにも胃がムカムカして仕方ないなら、あなたの気を重くさせるなにかがあるということだ。

その「なにか」がわからないから、心は乱れる。原因がはっきりしなくてじれったい。明快な答えを聞いてすっきりしたいのに、そんなものはどこにもないからなおさらだ。

こういうときは不安のあまり、人に意見を求めたり頼ったりしてしまう。でも、本当に信じるべきは自分自身だ。ほかの誰でもない、自分自身。

いつの日か、自分の心に従ったほうが結局は正しいとわかるときが来る。間違ったり失敗したりもするけれど、だからといって後悔はないはず。自分が望んだことだから。人のアドバイスや経験談が100パーセント正しいわけでも、そのとおりにすれば必ずうまくいくわけでもない。

人の意見に頼っていると、かえって、思い切れずに振り回されてばかりいる自分にがっかりする。望んでもいなければ共感してもいない方向に流されてしまえば、後悔の大きさは倍になる。だから、疑うのはそこまでにして、誰よりも自分を信じよう。

いつの日か、自分の心に従ったほうが
結局は正しいとわかるときが来る。
間違ったり失敗したりもするけれど、
だからといって後悔はないはず。

42 感情の浮き沈みに
おぼれそうなとき

❀

感情の浮き沈みが激しい日がある。わけもなく上機嫌だったかと
思えば、ささいなことで落ち込む。こういう日は、自分で自分を
持て余す。

友人でも恋人でも家族でもいい、そばで自分をつなぎとめておい
てほしい。それが無理となると、食べることでむなしさを埋めよ
うとしたり、泥酔するほどお酒に依存したりする。

ブレーキが壊れたかのような、とめどなく押し寄せる感情にあえぐ。自分のことなのに自分でコントロールできないという、どうしようもない有様。

感情的にならない人、冷静で落ち着いた人になろうと決めたのに。誰を恨むわけにもいかないから、よけいにむしゃくしゃするのかもしれない。

でも、人生にはこんな日も必要だと信じている。こうであってこそ、人の感情の浮き沈みも理解でき、心穏やかな日の大切さがわかるのだから。

43　つらいのに、大丈夫だと
　　自分を騙してしまう

●

つらいのに、大丈夫だと言う。人を騙すついでに、自分まで騙してしまう。つらいのだとグダグダ言葉で伝えるのはみっともない。そんな姿を見せたくない。

プライドと呼ぶには値しない。そんなものはとっくの昔に、薄汚れたボロ雑巾のように成り果てている。ただ、今より見苦しい自分になりたくない。大切な人の前ではとくに。

自分と同じくらい、いや、自分以上につらく感じるだろうから。心配し、悲しみ、共に立ち上がるより共倒れになることが目に見えているから。だからいっそ、騙すことを選ぶ。

大丈夫。

なんでもない。

大丈夫という嘘と、崩れ落ちた現実の狭間。

この矛盾した感情のただなかに、ひとり立っている。

本当は知ってほしい、でも、ばれたくないという気持ちで。

44　悩ましい気持ちを断ち切る方法

悩ましい問題は、一度考えるのをやめよう。考えれば考えるほど沼にはまってしまうから。悩んでいるあいだは周りが見えなくなり、かえって一日一日をおろそかにしてしまう。

悩んだからといって問題が解決するわけではない。だから時には、やんわりと受け流してもいい。とうてい受け流せそうにない問題でも、さしずめ解決のめどが立たないなら、なおさらそうするべきだ。

そもそも、すべてを解決できるなんてありえない。そんな気持ちを捨てて、考えることをやめれば、また周りが見えてくる。

すると頭がすっきりし、新たな道が開けもする。そうやって少しずつ、一歩一歩前進すればいい。どうせ進むべき道なのだから、急ぐことはない。考えるのをやめたからといって、人生がストップするわけではない。むしろ進んでいるのだ。

45 つらいときは
無理に乗り越えなくていい

つらくてしょげているなら、無理に乗り越えようとしなくていい。ひとまず逃げるのが正解だ。腕を擦りむいたのに、傷口に石鹸を塗ってタオルでこする人間がいるだろうか。試合中に足を折ったサッカー選手が、平気でボールを蹴りつづけることが可能だろうか。

腕を怪我した人は、傷口を消毒して包帯を巻く。骨折した選手は、すぐにフィールドを出て治療を受ける。たとえワールドカップの決勝戦であっても、いったん諦めて休むのだ。

休み、治療を受け、回復する。耐え抜き、乗り越えるのはそのあと。体だけじゃない、心も同じだ。ぼろぼろに傷ついているのに、どうして休ませようとしないのか。

そうやって追い込むから、体の傷はすぐに癒えても、心の傷は長引く。まずは逃げ、回避し、目を背けて休むべきなのに、そんなチャンスと時間を自分に与えようとしない。正面突破しない人間は、ずるくて弱虫だと思っている。

そんなことはない。
心も体と同じ、あなた自身だ。
だから、心が傷ついたらまずは逃げ、
休み、治療して、回復するのが先。
乗り越えるのは、それからだ。

46 我慢して当然、
なんて誰にも言わせない

我慢して当然のことなど、この世にはない。誰かを恨むでもなく
ひたすら耐えつづけなければならないとしたら、それは、感情を
捨てて機械になれと言われているのと同じだ。つらいときはつら
いと言い、感情を発散させなければ続かない。我慢が積もり積も
れば、病気になってしまう。僕たちは機械ではなく、人間だから。

みんながつらいなかで、自分だけつらいことをアピールしている
ようで、変に気を遣ってしまう。でも、みんなが同じようにつら
い状況にあったとしても、それが、あなたがつらいと口にしては
ならない理由にはならない。

社会や集団、組織では、こういう状況や雰囲気を逆手にとって、個人を抑圧し、犠牲を強いることも多い。でも、状況が状況だけに仕方がないと、個人に犠牲を強いるのは間違っている。

つらいときまで周囲に気を遣わなくていい。無理して耐えなくてもいい。つらいときは、つらいのだ。我慢して当然、なんて誰にも言わせない。

47 自分を無視していると
内なる成長は止まる

●

どうして自分を無視したんだろう。人の面倒は見ておきながら。自分の面倒はろくに見ないくせに、人の感情は敏感にキャッチして相談にも乗る。自分の感情を無視したまま、「大丈夫」と口癖のように言う。

条件反射でそう言うのだ。眠れない孤独な夜、「大丈夫」じゃない感情を前に不甲斐（ふがい）なくへたり込む自分と、まともに向き合える気がしないから。

同情などされたくないし、話してみたところで解決するはずもないものを、わざわざ持ち出して薄っぺらい慰めを聞くなど、まっぴらだった。人の噂は怖いものだと思い知らされることもあった。本音を話したら、こちらの弱みとして利用されたのだ。

だから言わない。本当は全然「大丈夫」じゃないのに、そう口にすることで自分をごまかしている。ある意味、自己催眠に近いかもしれない。

僕はそんなに強くない。
催眠の力でも借りないことには、この世の中を耐え抜けない。
でも、近ごろこんなことを思う。
自分を無視して放ったらかしにしていたとき、
内なる成長はそこで止まってしまったんじゃないかと。

48 逸る心には失望がつきまとう

逸る心には、失望が影のようにつきまとう。だから、期待しない
癖がついた。こちらから心を差し出してがっかりさせられた経験
は、数えられないほどだ。

つらい経験は心の傷となり、癒えることなく残っている。知らな
くていい感情なのに、傷痕が鮮やかすぎて、ひとりでに学習して
いた。

そして、期待しないのがいちばんだという結論に至った。いつから
らか、誰に会おうと、どう関わろうと、期待などしなくなった。
がっかりしなくなったことで心がずっと楽になり、どんな相手に
もクールに接することができるようになった。

でも、副作用もある。期待がなくなったぶん、ワクワクすること
もなくなった。胸がときめくことも、以前ほどない。期待しなく
なったことで、感情がさむざむと干からびてしまったのだ。

49　しわくちゃになってしまった心

●

一度しわくちゃになった紙は、どんなに伸ばしても元どおりには
ならない。心の傷もそう。

紙の上に飲み物をこぼしたとき、慌てて拭いたら、その紙が破け
てしまったことがある。急いで乾かしたけれど、すでに紙は汚れ、
ゆがんでしまった。ぱりっとした真っ白い紙は、すでに過去のも
の。もうこの世には存在しない。

悲しいことに、丈夫でまっさらな心は記憶をたどることでしか思い出せない。今は傷だらけ、しみだらけの心。

そこかしこにしわが寄り、破けた箇所もある。数えきれないほどの涙の跡。乾かないうちに無理やり伸ばそうとしてゆがんだ跡。裏切られて破れた跡。1つ1つの出来事が、ナイフでえぐったかのような傷痕を残した。

だから臆病になり、不信感を抱くようになった。紙に幸せを書き綴ろうにも、ペンを置いてしまう。傷だらけの心を見ていられなくて。仕方なくそのままに生きてはいるけれど、懐かしくて仕方がない。限りなく真っ白だった自分の心が。

50　失敗は黒歴史ではない

❋

バカみたいな失敗はもうしたくない。でも、なかなか思うように
いかない。失敗とは、失言かもしれないし、恋人や友人、会社仲
間との人間関係かもしれないし、株やギャンブルといったお金絡
みのものかもしれない。

同じ失敗が続くと、情けなくて自分を責める。それがたび重なれ
ば、自分がいやになる。そうやって自己嫌悪に陥るのだ。どうし
てこうなるのだろう。

見て見ぬふりをするからだ。たとえば、先を急ぐあまり、なんでもないところで転んだことがある。それも、大勢の人の前で。真っ先に感じたのは、恥ずかしさだった。

どうか、なかったことにしたい、穴があったら入りたい。そんなふうに顔を背けて、考えることをやめてしまう。ここが問題だ。そうではなく、失敗とじっくり向き合わなければならない。

失敗を黒歴史ととらえて、記憶を消したい、隠れたい、考えたくないなどと逃げてはならない。つらくても考え、客観視し、細かく分析して、似たような状況でくり返さない方法を探る。それだけが、同じ失敗をくり返さないための唯一の手立てとなる。

51 繊細な人ほど、疲れやすい

❊

繊細な人ほど疲れやすい。なにかに向き合っている時間は同じでも、入ってくる情報と感情が盛りだくさんだからだ。彼らはまなざしや表情の変化からも、相手の気分を汲み取る。

口調や会話の流れを読み、空気を察する。相手に合わせて、失礼のないよう慎重に言葉を選ぶ。そうするうちに、相手の悲しみや鬱憤が自分のことのように感じられてぐったりする。

共感力が高いぶん、エネルギー消費が激しいのだ。会話を交わし、共感するうちに、ついつい深みにはまってしまう。細かいところまで逃さずキャッチしていれば、消耗が早いのも当然だ。

少し鈍くなったほうがいい。相手への配慮も、気遣いも、頭を使うことも、ちょうどいいところで折り合いをつけるべきだ。これは、過度な刺激から距離を置き、自分を守ることにほかならない。

相手に共感することは大事だけれど、深入りしすぎてはよくない。長い目で見ると、ほどほどで折り合いをつけておいたほうが、本当に助けが必要なときに相手の力になってあげられる。すぐに疲れてしまうようでは、大切な人を最後まで守り切れないから。

52 「自分らしくある」ための、
　　最も有効で美しい臨み方

❁

こうなりたいと望んでいた姿を忘れることなかれ。日々を生きていると、大切なことを忘れがちだ。じっとしていても事件や事故は起こる、それが人生だから。

毎日が、食べていくだけで精いっぱい。急に体調が悪くなることもあるし、家族がトラブルを起こすこともある。思ってもみなかった出来事があちこちで勃発する。

思いどおりにいくことは珍しく、思いがけず巻き込まれることはまことに多い。だから、大切なことを忘れるのも、ある意味で当然かもしれない。

いつも気を引き締めて正気を保つなんて、それこそ神業だ。人間は生まれたときから、誰もが等しく消滅に向かっている。だから、望むことがあるなら、それがどんなに小さなことでもやってみること。

そうしたアクションが積み重なって、あなたは自分の望んでいた姿になる。壮大な夢や偉大な目標でなくてもいい。「こんなふうに生きたい」「あんな人になりたい」、そのぐらいの望みなら誰にでもあるはず。

望みどおりの完璧な姿を目指さなくてもいい。ごくごく小さなことでも、思い描いていた姿に少しずつ近づいていけばそれでいい。それが、自分らしくあるための、最も有効で美しい臨み方だ。

つらいときまで周囲に気を遣わなくていい。
無理して耐えなくてもいい。
つらいときは、つらいのだ。
我慢して当然、なんて
誰にも言わせない。

53 自分の「好き」に勝るものはない

❀

好みに勝るものはない。世の中には名曲、名画、名作、名筆と呼ばれるものがあるけれど、自分の心が動かなければなんの意味もない。

大衆と専門家が共に絶賛するクラシックの名曲があったとしても、あなたが学生時代にのめり込むようにして聴いていたポップスの曲には勝てない。多くの美術家が崇める画家の絵を見ても、あなたが夢中で読んだ漫画ほど興味をかき立てられることはない。

名だたる映画祭で監督賞をもらった作品よりも、あなたが大好きな監督が作った映画のほうが感動的だ。世界中でベストセラーになっている本だって、ふいにあなたの胸に飛び込んできた鮮烈な一文には勝てない。

それがどんなに世間で褒めそやされていようとも、自分の好みには代えられない。好みは偉大さの上を行くのだ。いいと思ったものを、人の目を気にせず堪能すること。人の基準はさておき、自分の「好き」を誇りに思うこと。人がいいと言うものより、自分の好きなものに正直になること。

これは、幸せと密接な関係にある。誰がなんと言おうと、それはあくまで他人の基準にすぎない。他人は自分ではないから、自分が好きなものに集中すればいい。自分の好みこそ自分の幸せ、人生の根幹をなすものだ。

54　洗練されていなくても、かっこいい

●

かつては、洗練されたかっこよさだけを魅力的に感じていた。ぎこちなさや不調和がなく、すっきりと品があり、こなれた感のあるかっこよさ。そんな雰囲気をまとった人だけが魅力的なのだと思っていた。でも、YouTubeの時代が到来すると共に、いろんな姿が魅力になるのだと気づいた。

ぎこちない姿も、下手な進行も、おかしな行動も、ダメな日常も、整わない外見も、舌足らずの発音も、呆れるほどの純粋さも、じれったい未練も、ありえない失敗も、さらには、意地悪で卑劣なしわざまでも。ほとんどすべてが魅力として映った。

そのユニークさに魅せられ、応援する人たちもたくさんいるのだと気づかされた。ぎこちなさや不器用さが魅力だとは。僕の常識にはなかったから、ある意味、衝撃だった。

なんのことはない、僕が間違っていたのだ。蓋を開ければ、僕の知る常識など驚くほど狭いものだった。つまり、魅力や可能性は、自分ひとりの狭い料簡で判断するものじゃない。

自分は小心者だからとか、世間の目は冷たいからと、部屋の隅っこで小さくなっていては、つまらない。人それぞれに固有の魅力があり、あなたにはあなたの色がある。そんなあなただけの魅力を認めてくれる人は、必ずいる。そう、あなたはあなたのままでじゅうぶんなのだ。

55 自分のことを知る時間

●

　自分が今どんな状況にあるか、なにがその状態を生み出している
かを注視すること。今の気分を把握し、その理由を探らなければ、
自分を理解することも問題に対処することもできない。混乱の原
因がわからなければ、毎日が不安で、地に足がつかなくなる。

　一日がどんなふうに過ぎていくのかもわからず、心がもやもやし
どおしで、周囲にもよからぬ姿を見せてしまう。そんなときはま
ず、自分を注視しなくてはならない。たくましい心をもつ、どっ
しりした人間になりたいなら、心の整理を欠かさないことだ。

心の整理ができていれば、感情に流されることも、気分が態度に出ることもなくなる。今日はどんな一日だったか、なにに興味を惹かれたか、どんなことで気分がよくなったり不快になったりしたか、誰がよくて誰がいやだったか、どんなときに気持ちが動いたかを、細かく振り返ってみよう。

この作業を細やかに行なえば行なうほど、自分のことを理解できる。自分と向き合い、知ること。それより大事なことがほかにあるだろうか。

自分に費やす時間は
少しももったいなくない。
他人に愛されたいと望む前に
自分で自分を愛することから始めよう。

56 自尊心と自己肯定感

❋

誰の内面にも、この２つがある。自尊心と自己肯定感。幸せなときには両者が足並みをそろえて同じ方向へ歩いているから、なにも問題はない。

ところが、つらくて不安な状態になると、両者は背を向けて反対方向へ歩き出す。その距離はどんどん離れていく。気位の高い自尊心は、膝を折るようなみっともない真似はできないと、決して譲ろうとしない。

一方で、どん底まで下降した自己肯定感は、情けない自分を責めるのに忙しい。そんな両者の隔たりを埋めるのは、あなたしかいない。そして、ますます遠ざかっていく２つのうち、どちらを追えばいいのか頭を悩ませる。

どちらもはるか彼方（かなた）にあるようで、追いかける気になれない。なんなら、２つとも無視してしまいたい。どうなったっていいじゃないか。もしかすると本当は、自尊心も自己肯定感も、生きていく上で必要ないのかもしれないと。

こんなふうに目をそらしたくなるほど疲れたときは、流れに身を任せることも大事だ。人からどう思われようと、無様（ぶざま）な姿をさらそうと、自分を甘やかすことになろうとかまわない。今はそんなことを言っている場合じゃない。

自尊心を守り、自己肯定感を高めることにかまけていたら、生きていくのに必要なエネルギーが底をついてしまう。だからまずは、なんとか生きてみよう。そう、複雑なことはいったん置いておいて、まずは生き抜くことだ。

57　大げさに考えるのをやめる

✿

なんでも大げさに考えるのはやめてほしい。誇張して話す人に会うと、拒絶反応が出てしまう。虚勢を張ったり、話を盛ったり、飛躍や拡大解釈が入ったりすると、聞いているほうは居心地が悪くなる。淡々とした態度とは正反対だ。

それは、考え方も同じ。落ち着いた思考と心が、穏やかな暮らしをつくる。起きてもいないことを、大げさに考えて心配する必要はない。たんなる予感にすぎないのに、わざわざ不安な気持ちを増幅させてストレスを感じなくてもいい。

大げさな考えは、正確さに欠ける。大げさな想像を続ければ、現実がぐらつく。さらにひどくなれば、被害妄想やパニック障害といった心の病にもつながる。

反対に、誇張するのを抑えることができれば、事実としての今に集中できる。それでこそ、現在と誠実に向き合えるようになり、本当に望んでいるものを逃すこともなくなる。

どのみち、人間が考えられることには限りがあり、考えたところですべてに対処することはできない。頭をかき乱すよけいな考えは振り捨てたほうがいい。潔く、クールに。

振り返る作業を

細やかに行なえば行なうほど、

自分のことを理解できる。

自分と向き合い、知ること。

それより大事なことがほかにあるだろうか。

58　心配が増えれば逃すものも増える

●

心配すればするほど、うまくいくか。いや、むしろ逃すものが増える。不安になって早合点するからだが、そんなときは一度、気持ちを改めよう。そうすれば、いろんなことが見えてくる。

「心配して心配がなくなるなら心配もない」といわれるように、心配とはきりがないものだ。きりがないものにきりをつけようとするから、さまざまな問題が生まれる。

人は心配事に気をとられていると、余裕がなくなり視野が狭くなる。「どうして自分ばかりこんな目に」と、不安と劣等感にさいなまれる。

あらゆる現象を否定的に見る癖がつき、何事にも尻込みするようになる。気を揉み、ハラハラし、心を痛めて、知らないうちにため息ばかりついている。まずは、心配してもきりがないことを理解しよう。

起きてしまったことは認め、先のことは怖がらずに受け入れる。そうして初めて、きりのない心配事から自由になれる。なるようにしかならなかったのだと吹っ切ることで、自分を解放するのだ。起きることを淡々と受け止め、自然な現象なのだと思えば、意外にも、心はずっと軽くなる。

59 慌てない、急がない

●

どんなに急いでいても、いっぺんに多くを片付けようとしないこと。そんなことは、物理的に不可能だ。一見、同時に処理できそうに思えても、いざやってみれば無理だと思い知らされる。体は1つしかないのだし、効率もよくない。だから、1つ1つ片付けるのがいちばんだ。

やるべきこと、すでに手をつけていることがたくさんあると、焦ってしまう。気持ちが焦ると、基本的なことや細かいことに気が回らなくなる。時間に追われて、プレッシャーを感じるからだ。

そういうときは、やるべきことを箇条書きにして、緊急度の高い
ものから順に番号をつけていく。そして、日に１つずつ、完璧に
こなす覚悟で臨み、順に消していく。

そうすれば、やることが山のようにあっても、着実に片付けられ
る。能率を上げるには、心を落ち着け、冷静になることだ。

60　完璧を強いられると息が詰まる

❋

完璧なものはない。すごくいいけど一部がよくなかったり、全然
よくないけど一部がよかったり。

春は暖かくて花がきれいだけれど、花粉症がつらい。夏は暑くて
蚊に悩まされるけれど、澄んだ谷川と青い海に飛び込める。秋は
涼しくて過ごしやすいけれど、寒暖差がありすぎて風邪をひきや
すい。冬は寒くて仕方ないけれど、愛する人と寄り添って温め合
えるのがいい。

くり返される四季でさえこうなのだから、人であれば、なおのこと。気に入らない人でも、ずっと見ているとぽつぽついいところが見え、いいなと思っていた人でも、欠点や気に入らないことが出てくる。

あなただって完璧じゃない。他人の過不足を認め、広い心で理解しよう。自分にも、他人にも、完璧を強いることほど息が詰まることはない。

61 「ぐずぐず先延ばし」の悪循環

やるべきことを先延ばしにしていると、自分で自分にがっかりする。絶対にやるべきことだと自覚しつつも、面倒でぐずぐずしてばかりいる。

今日の自分を明日の自分に押しつける態度。数日ならまだいいけれど、無限ループは問題だ。数週間、数カ月となれば、収拾がつかなくなる。

代表的なのが、ダイエットや運動、勉強など、こつこつやるべきものだ。先延ばしにしていると、自分がぐうたら過ごしていることに気づき、そんな自分にがっかりする。それが続くと、自分を責めるようになり、自己肯定感が下がる。

負のスパイラルの一丁あがりだ。自己肯定感が下がってなにも手につかなくなり、先延ばしにして、がっかりし、自分を責め、ますます自己肯定感が下がる。こんなふうに、怠惰は生涯つきまとって人を苦しめる。

しまいには罪悪感を覚えるまでになる。こんなときは、すべてを一度で完璧にやり遂げようとせず、小さなことから１つずつ、ゆっくり取りかかろう。悪循環を断ち切るには、それだけでじゅうぶんだ。まずは、負のスパイラルから抜け出すこと。

62 「毎日、少しずつ」の魔法

❁

変化とは、ごたいそうなものじゃない。ごくごく小さなことを積み重ねていくだけでいい。自分を変えるには、それなりのステップが必要なのではないかと、難しく考える人が多いようだ。

でも、自己啓発や自己管理と呼ばれるものは、どちらかというと地味な作業だ。勉強であれ、読書であれ、運動であれ、特技であれ、なんでもいいから日に1時間、いや、30分でいいから続けよう。

それが、人生に大きな変化をもたらす。すぐさま見てわかるほどの差は出ないかもしれないが、積み重ねていれば、いつの間にか大きく変わっている。

その変化と成長ぶりは、この世で最も大きな幸福の1つではないかと思えるほどだ。なにも勉強で1番になったり、1万冊の本を読んだり、運動で最高の体を手に入れたり、特技でその方面のトップになる必要もない。

毎日少しずつ続けていれば、いつしか、自分が憧れていた姿になっているはず。そうなれば、自分を認め、尊重できるようになる。大事なのは、小さな努力と忍耐。それで人生ががらりと変わるなんて、魔法みたいじゃないだろうか。今からでも、ちっとも遅くはない。

63 努力の成果は沸点のように現れる

＊

努力しなければ叶わない。人が最も多く挑みながら、最も嫌ってやまないのが、努力だ。死ぬほど努力してもすぐには結果が出ないから、疲れてしまう。けれど努力の成果は、沸点のように現れる。

はた目にはわからないほどゆっくりゆっくりと積み重なって、あるときパッと立ち現れるのだ。こうした特性から、多くの人が努力することを途中で投げ出してしまう。必要な努力を沸点の100度とすると、80度、90度まで耐えたところで投げ出し、せっかくの苦労が水の泡になる。

100度までの道は、長くて苦しい、不安な道のりだ。この特性を知っていても、耐えるのは簡単ではない。なぜなら、努力の沸点は100度と決まっているわけではなく、200度や300度にもなりうるからだ。

人生も、目に見える結果にたどり着くまでに、あまたの波風を乗り越えねばならない。それでも、我慢し耐え抜いた人だけが実を結び、甘い果実を味わえる。

一方で、ごくわずかな人たちは、努力することなしに、まぐれ当たりでなにかを成し遂げる。それを見た人々は、なぜあの人だけが、と脱力する。でも、その結果はどうだろう。

努力で築いた中身がないから、その幸運は長続きしない。努力はつらいけれど、確かなのは、あなたの中身を充実させてくれるということ。

64　完結してほしくないときと、
　　完結してほしいとき

❋

完結してほしくない。正しくは、大好きな作品が完結するときのあの感覚が嫌いだ。ドラマであれ映画であれ、漫画であれ小説であれ、好きで見ているものならどれも同じ。読者として、鑑賞者として、作品と一緒に呼吸し、展開があるたびに感情移入して楽しませてもらっている。

でも、結末を迎えてしまうと、むなしさに襲われる。心の準備ができないままに、置き去りにされたような感覚。心に穴が開いたような寂しい気持ちになる。人生の果てには必ず別れが待っているという、知りたくない真実に突き当たるからかもしれない。

そんな僕が、早く完結してほしいと思うこともある。飽き飽きしたときだ。どこかでよく見た展開に興味を失い、それ以上楽しめない。こんなことなら早く完結してくれと願う。完結を嫌う人間が完結を望むほどなのだから、事態は深刻だ。これは、人生も同じこと。

人生が退屈で、面白味もなく、やる気も出ないとなると、生きることへの興味が失われていく。ひどいときは、もう人生を終えたいとさえ思う。みんなが公平に、苦しまず死ねるように、ある日地球が滅亡してくれたら。穏やかな眠りについたまま、永遠に目が覚めないでくれたら。そんな妄想をするくらいに。

だから時には、新鮮な刺激を見つけに出かける。極端に刺激的である必要はなく、心が喜ぶものならそれでいい。それは人かもしれないし、仕事かもしれないし、趣味かもしれない。どうかこの人生が、いつまでも完結を望まない人生になりますように。

65 期待値を下げれば
　　満足度はぐんと上がる

◆

幸せを求める気持ちが、かえって不幸を招くといわれる。幸せは競争じゃない。焦らなくてもいい。幸せになろうと必死になればなるほど、幸せから遠ざかるというアイロニー。幸せとは、欲深さの真逆にあり、満足のいちばん近くにあるものだからだ。

欲張ると、満足することを忘れてしまう。1つを得ればまた別のなにかが目に入り、それを得ても次を見てしまう。欲を出せばきりがない。

かといって、欲をもたなければ、生きる意欲につながらない。つまり、適度に欲張り、適度に満足すること。目標の枠を大きく設定し、その枠のなかに収まれたなら、100パーセントではなくても喜んでほしい。

たいていの人は、欲張るだけ欲張って、満足することを知らない。ある程度の成果が出ていても、満足できず不平ばかりこぼしている。基準を下げ、期待値を下げれば、満足度はぐんと上がる。

幸せになろうと必死になるより、適度な基準を設けることを心がけよう。このくらいでじゅうぶん、という気持ちが満足につながり、さらには幸せを招くことになる。

66 人は毎日生まれ変わる

●

僕たちは毎日、生まれ変わる。文学的な喩えではなく、科学的な
事実だ。中学校の生物の時間に、人体の神秘について学んだ。毎
日たくさんの細胞が死滅し、それより多くの新しい細胞が生成さ
れることを。それが生物であり、人だということを。

僕を形作っているたくさんの僕が毎日死に、僕を形作るたくさん
の僕が毎日新たに誕生する。だから人は、生物学的に毎日、新し
い自分になれる。新しい気分と新しい覚悟で、いくらでもやり直
せるのだ。

昨日のことであれ、少し前のことであれ、ずっと昔のことであれ、過去に縛られる必要はない。過ぎたことは、死んだ細胞と同じだから。昨日と同じに思える一日も、感覚を研ぎ澄ましてみれば、空気さえも異なって感じられる。

窓からこぼれる朝陽、肌が感じ取る気温、渡り鳥のさえずり、往来を行き交う車と人、そのすべてが異なっている。

昨日は韓国の街路樹通り（カロスキル）を歩き、今日はアメリカのハリウッドを歩いているから違う日に感じられるわけではない。日々を生まれ変わっているから、すべてが異なるのだ。毎日が新しいのだと肌で感じることができれば、一日がいっそう貴い（とうと）ものになる。

67　幸せは心のありように比例する

❀

幸せは、心のありように比例する。心が貧しければ、幸せも乏しい。心が満たされていれば、幸せもいっぱい。日々の暮らしのなかで簡単に乱れてしまうものの１つが、心のありようだ。

人は同じなのに、昨日と今日では心のありようが違う。心というものは、それ自体がもろくもあり、その日の体調によって変わりもすれば、ときどきの気分に影響されもする。簡単に揺れ動くし、一度決心したことをすぐに忘れてしまうことすらある。

こういった理由から、固く心に決めても、その決心を保ちつづけるのは難しい。反対に、そういう面があるから、心を入れ替えやすくもある。心は簡単に変わるもの、そう頭に入れておくべきだ。しょっちゅう乱れるようなら、しょっちゅう引き締めればいい。

ただし、乱れるのはいいが、投げ出してはダメだ。「やっぱりな」と諦めてはいけない。心を入れ替えるだけのこと。簡単に乱れても、簡単に整うもの、それが心なのだから。

もとより、心が乱れたからといって自分を責める必要はない。自分にがっかりするようなことではないから、肩を落とさないように。人生は、無数の作用の連続だ。その過程で、人の心はいとも簡単に乱れる。ただ、そうして逃げ出そうとする心を、何度も、何度でも引き戻すだけだ。

3章

転んでも、
また
立ち上がればいい

———————————————————— ✳

———すべての経験は、あなたの血となり肉となる

68 燃え尽きそうな瞬間

―――――――――――――――――――――――――――――――*

燃え尽きそうな瞬間がある。1つ目、明日が来なければいいと思うほどうんざりしているとき。無限にくり返されるうんざり感。我慢してなんとか耐えたけれど、つらいのは、明日も同じだと知る瞬間だ。だんだん希望が薄れていく。興味を失くし、なんの期待も抱けないとき、人の目は生気を失う。瞳は闇と化し、輝くことを忘れる。明日を迎えるのがいやになる。

2つ目、むなしい結果にため息しか出ないとき。ベストを尽くしたのに惨敗。とんでもなく長い時間を費やして努力した。なのに、またそれだけの時間を注ぎ込むのだと思うと、呆然としてしまう。そのうえ、努力が報われるという保証もない。

３つ目、なにをしてもうまくいかないとき。あらゆる工夫をし、手を尽くしてみるが、通じない。もどかしさにほかのことをしてみても、そちらも思うようにいかない。人間関係は破綻し、恋人も去っていく。まるで見えざる手に邪魔されているかのように、ことごとく空振りに終わる。

燃え尽きていく心には抗えない。ただ、これだけは知っておいてほしい。やることなすこと失敗に終わっても、あなたの存在が失敗作というわけではない。うまくいってもいかなくても、あなたの価値に変わりはない。

変わるのは、あなたが行なったことの価値だ。
あなたの価値と、あなたが行なうことの価値を
一緒くたにしないこと。
裸で生まれたのだから、
すべての経験はあなたの血となり肉となる。

69 「海が見たい」という心のSOS

———————————————————✳

「旅行したい」「海が見たい」「気晴らしがしたい」こういうつぶやき
を軽く聞き流してはいけない。それだけ追い込まれているという
SOSだから。

旅行や海へ出掛けるのが目的ではなく、もどかしさを訴える先も
なければ、口に出しても解消できないから、上のような言葉で遠
まわしに表現しているのだ。

長いあいだ、ありとあらゆる重圧に押し潰されそうになりながら
生きてきた。視界の開けた広々とした場所へ行けば、目の前の現
実を忘れてほっと息がつける。爽快な波が悩みをきれいに洗い流
してくれる、だから広やかな海が見たいと。

旅もいい。飽き飽きするようなここを離れて見知らぬ地へ行けば、知る顔もなく、なにも考えずに、心置きなく休めるから。周囲への気遣いをしなくてすむだけで、心が軽くなるのを感じる。

人は仕事ばかりしていると、機械の付属品になった気分になる。最初のうちは深刻に受け止めることもないが、やがて無視できなくなる。大切なのはタイミングだ。時機を逃さず、解消すること。過度なストレスに耐えられず潰れてしまうのは、結局自分なのだから。

70　波風に揺さぶられても
　　自分の道を進むだけ

────────────────────────────────────── ✳

どうせ始めたのなら、心を強くもとう。人生はどのみち、止まれるものではない。望もうが望むまいが、来るべきものはやって来て、去るべきものは去っていく。

本人の意思などおかまいなしに、うねりながら流れる巨大な川。そんな厳しい世界に、僕たちは一艘(いっそう)の小舟のように投げ込まれる。そのただなかで押し流されはじめたからには、心を引き締めよう。

狭い舟の上で猛烈に揺さぶられたところで、襲ってくるのは川に振り落とされそうだという不安。自分を責めながらみずから舟に穴を開けたところで、満ちてくるのは悲しみの涙。だから、内面を鍛える必要がある。

押し流されるうち、さまざまな誘惑に負けそうになったり、くだらないミスをくり返したりもする。判断や選択を間違って、危うい目にも遭う。川は月日の流れと共に深くなり、風も波も激しくなるからだ。

それでも、自分を信じなければならない。それでこそ、激しい波風に耐えて前進できる。先の見えない巨大な川にぽつんと浮かぶ小舟のように、寂しくてもわが道を突き進むのだ。それが僕たちの人生だから。

71 その「重荷」が背中にあるから
踏ん張れる

———————————————————— ✳

自分で組み立てるＤＩＹの机は、軽いこともあって、比較的よく
ぐらつく。完璧に組み立てたとしても、安定感においては一枚板
の机にはるかに劣る。とくに、床が平らでない場合は水平を保て
ず、ぴたりと収まってくれない。

ちょっとつつけば、カタカタと揺れる。それでも、壁に沿わせて
固定させたり、上に重い物を載せたりすれば、揺れも少なくなっ
て本来の役割を果たせるようになる。

人生も似たようなものだ。一生懸命組み立てながら生きても、人は事あるごとにぐらつく。年を重ねれば重ねるほど、肩にのしかかる荷は増えていく。その代表が、責任感と義務感だ。

担いで歩けば、その重みですぐさま疲れてしまう。肩と背中はつねに圧力がかかっている状態だが、皮肉にもそれが、人生がぐらつくのを防いでくれている。重たい責任と義務があるから、よそ見をせず、挫折しても倒れ込むことなく、なんとか踏ん張って前進できる。

食べていかなくては。家族を食べさせなくては。自分と家族、そして周りの人に胸を張れるようでなければ。そんな思いは心を疲れさせるが、この重たい心のおかげで、どんなに疲れようと揺らぐことなく、前に進む力を得られる。

72 「今日という一日」を大切に思うこと

————————————————————————✳

結果の喜びは短く、過程の楽しさは長い。 結果ばかり待ち望んでいる人は、ほとんどの日々を憂鬱に過ごすことが多い。過程を大切に思えないからだ。もちろん、結果がよければ喜びが生まれ、それまでの労苦も報われる。

問題は、結果に至るまでの時間がとても長いことだ。苦労している時間が圧倒的に長いため、つらいのも致し方ない。過程を無理やり楽しむというのも違う。楽しくなければ楽しめない。

でも、苦労している過程を大切に思うことはできる。なぜなら、そうした過程を重ねる一日も、自分の一日だから。今日という一日を大切に思う態度に、過程を大切に思えるコツが潜んでいる。

次のような経験が、誰しも一度くらいはあるはずだ。やっていることが楽しくて仕方なく感じられるとき。疲れ切っているのに、楽しさのあまり時がたつのも忘れるという経験。休みなしで働いているのに、つらいとも思わず嬉しそうに仕事にかかる自分。過程を大切にしていると、こういった瞬間に立ち会うことがある。

意識していれば、じゅうぶん可能なことだ。
結果もいいけれど
過程としての一日一日を
もっと大切に思える人になりたい。

73 リラックスして、ほどほどに

———————————————————✳

うまくやろうと力むと、かえって事をしくじる。作家としてうまく書こうとすればするほど、どんどん書けなくなる。力んでしまい、わざとらしい文章やぎこちない表現が横行し、モチーフさえ思いつかなくなる。

思えば、いつもそうだった。好きな人の前では、思いが強すぎてガチガチに緊張した。おかげで普段より力が入り、とんでもなくぎこちなく、不器用で、面白みも味気もない人になっていた。言うまでもなく、愛の告白は失敗し、片想いに終わった。

仕事もそうだ。力まず臨んだ仕事はスムーズに、とんとん拍子に運ぶことが多かった。タイミングや運に恵まれ、思いがけず大きな成果を収めたこともある。反対に、意を決して気負い立ち、あれこれと思い悩んだ仕事は、かえってうまくいかなかった。ストレスは倍なのに結果は思わしくないのだから、よけいに胃がキリキリした。

適度がいちばんだ。ほどほどに取り組んでいるときは、リラックスできているから。正しくない姿勢で長時間座っていれば、腰が痛くなる。寝違えた日は、一日中首を動かしにくい。そんな体では、いつも簡単にこなしていたストレッチにさえ手こずる。

心も同じだ。緊張や焦りで滞ると、いつもはすんなりやってのけていたこともできなくなる。頭と肩に入った力を抜き、気楽に構えよう。人はリラックスしているときこそ、最大の力を発揮できる。

74 「仕方ないな」と諦めてみる

たいていの傷や痛みは消えていく。でも、決して眠らないトラウマもある。誰も代わりになれず、どんな言葉でも癒やされない。少しはましになった気がしても、一時しのぎにすぎない。

夜ごと思い煩い、ある決まった状況下でフラッシュバックしてつらくなる。忘れたと思えたのも束の間、ふとした瞬間に思い出してぎょっとする。

トラウマだ。いつまでも影響を及ぼし、いたたまれないほど激しい反応を引き起こす。生活にも支障が出る。こういうときは立ち止まって、投げ出し、諦めること。

「そうか、仕方ないな」「なるほど、お手上げだ」といった具合に、あるがままを受け止めて生きるのだ。無様な自分を受け入れるようで、いやいや認めるようで、はじめは抵抗があるかもしれない。でも、これは必要なステップだ。

誤解しないでほしい。投げ出したり諦めたりすることは、決して悪いことじゃない。そんなことはありえないと思い込ませた人たちが悪いのだ。仕方ないと諦めることで、なぶられつづけ、荒れ狂っていた心が凪いでいく。

＊　食べていかなくては。

家族を食べさせなくては。

自分と家族、そして周りの人に胸を張れるようでなければ。

そんな思いは心を疲れさせるが、この重たい心のおかげで、

どんなに疲れようと揺らぐことなく、前に進む力を得られる。

75　ひとりで耐え忍ばねばならない感情

————————————————————✳

他人にはどうしてあげることもできないものを求める。愚かにも、寂しくて寂しくて、空っぽの心を埋めてくれる人を必死に探し求める。でも、喪失感、孤独感、空虚感、虚無感は、人生において自分ひとりで耐え忍ばねばならない感情だ。

一時的に他人に助けを求めることはできても、永遠には続かない。それでも、一緒にいてくれる人、そばにいてくれる人を絶えず探すのは、ひとりよりはましだから。

永遠にとはいかなくても、一時的に、一部分だけでも救われるから。問題は、そんな人さえ見つけられないときだ。必死に探しても誰も見つからないとき、自分が限りなくみじめで、ちっぽけな存在に思える。

それで終われば幸いかもしれない。助けるふりをして近づき、あなたの切実な心を利用しようとするクズもいる。こうなると、心の傷は倍になる。

自分をみじめにする行為はやめよう。
もとより、ひとりで耐え忍ばねばならない感情なのだ。
ひとりで耐え忍ぶことは、哀れなことじゃない。
黙々と、ひとりで踏み出さなければならない坂道。
苦しくも過酷な道だけれど、それが人生というもの。

76 興味本位の人、
　　関心を寄せてくれる人

─────────────────────────────── ✳

他人があなたに対してもっているのは、関心ではない。あるのは
興味だけだ。たいていの人が、自分の興味を満たすために、関心
と見せかけた噂話をする。心配にかこつけた陰口。本当に心配し
ているなら、まずは本人を訪ねていくはずだ。大切な人が事故で
入院したら、すべてを後回しにして病院に駆けつけるように。

似たもの同士が集まってああだこうだと人を評価するのは、心配
なんかじゃない。ただの噂話だ。ただし、人としてどうかと思う
人間でも、興味を誘う要素が多ければ、現実でもメディア上でも
人気者になれる。これは、自尊感情を守るためにも知っておいて
ほしい事実だ。

ほとんどの場合、他人があなたに抱いているのは、関心ではなく興味だ。それがわかっていれば、無駄に傷つくこともない。他人が口にする興味本位の言葉は、政治家や芸能人に対する悪口と変わらない。

飲食店や駅などにある共用のテレビに政治家や芸能人が映ると、その人がどんな人か、どういういきさつがあるのか、どんな人生を送ってきたのかはいっさい聞こうとせず、ぶしつけに悪口を言う大人たちを見たことがあるだろう。

それと同じだ。他人になんと噂されようと、自分への関心と理解からくるものではないのだから、傷つくこともない。

77　いい面も悪い面もある
　　　―― それが人間

―――――――――――――――――――――――――――――――＊

2008年に公開された『グッド・バッド・ウィアード』(韓国語原題
『いい奴、悪い奴、変な奴』)を観た。映画では３人の人物を通し
て物語が進むが、実はこのタイトルは、１人の人間のありようを
表現している。この世のすべての人間に当てはまる言葉でもある。

素っ裸でシャワーを浴びているとき、出もしない高音をしぼり出
して歌いながら、自分の世界に浸りきってお尻を振る。誰かの目
には、間違いなく変な奴に映るだろう。

倦怠期に耐えられず彼女のもとを去ったのだから、彼女にとっては悪い奴だろう。道端で困っているお年寄りを助け、ときどき寄付もしているのだから、誰かにとってはいい奴だろう。

こんなふうに、どんな人も多様な顔をもっている。いいところだけの人も、悪いところだけの人も、変なところだけの人もいない。人は断面ではなく立体からなり、さまざまな面を備えているというだけだ。

嫌いな人のなかに
無理やりいいところを探さなくていい。
でも、大切な人がいやなことをしたら
人にはいろんな面があることを思い出そう。
自分もまたそうであると。
わたしたちは変わらない、
みんな同じなのだと。

緊張や焦りで滞ると、
いつもはすんなりやってのけていたこともできなくなる。
頭と肩に入った力を抜き、気楽に構えよう。
人はリラックスしているときこそ、最大の力を発揮できる。

78 言葉には「温度」がある

✳

言葉には温度がある。ところが、こんな当たり前のことを知らない人も意外に多い。だから話をするとき、自分の言葉が温かいのか冷たいのかも考えない。

まったく同じことを話しても、抑揚やニュアンス、口調や表情、感情によって、聞く側が感じる温度に、はっきりと差が出る。なにか特別なことを言っているわけではないのに、温かいプラスの印象を与える人に会ったことがあるだろう。

反対に、たいして話してもいないのに、どこか冷たく苛々している（いらいら）ように感じられ、一緒にいたくないと思わせる人がいる。こういったマイナスの印象は、たいていの場合、その先も変わることがない。言葉の温度のせいだ。

どうせ同じことを言うなら、少しだけ気をつけて温かい言葉で話してはどうだろう。言葉に温度があると気づくだけで、普段の話し方が変わる。温かい話し方をする人は、当然、温かい人になる。それが日ごろの姿となるからだ。

話し方が温かくなると、大きな好感度となって作用し、すばらしい人間関係を築くチャンスにつながる。社会が冷たければ冷たいほど、特別な存在になるということ。そして、言葉の温度に気をつけることの最大の価値は、家族をはじめ、周りにいる大切な人たちに温かい影響を与えられるということだ。

79 「頭で知っている」ことと
「本当にわかっている」こと

———————————————— ✳

「本当にわかっている」とは、「実践が伴っている」ということだ。
頭で知っていることと、わかっていることとは違う。実践が伴っ
て初めて、わかっているといえる。不思議なのは、わかっている
人は行動しようとしない傾向があること。

わかっているから、いつでも実行できると勘違いしているのだ。
そのせいで、なにもかも後回しになる。もしかすると、わかって
いることこそが最も危険な罠なのかもしれない。

たとえば、ダイエットや勉強。食べる量を減らして運動量を増やせば痩せるという単純な事実を知らない人はいない。でも、そのことを知りつつも実行に移さない。毎年ダイエットに挑戦する人の95パーセントが失敗するのはそのためだ。

やりたいことがあれば、それに関する勉強をするべきだということは誰もが知っている。新年には必ず勉強しようと計画を立てる。でも、毎日忙しいのを言い訳に、その計画はいつしかうやむやになり、後回しになる。

本当にわかっているのかどうか、見極める方法がある。わかっているとおりに生きていれば、わかっているのだ。わかっているとおりに生きていないなら、わかっていないも同じ。いや、それならいっそ、知らないほうがましかもしれない。知らなければ自分を責めることもないからだ。人生で重要なのは、「わかっている」ことではなく「やる」ことだ。

80 「真剣な思い」はそれだけで美しい

———————————————————————✳

真剣に臨んだのなら、それだけで美しい。真剣な思いが通じて次につながるならもちろん万々歳だが、必ずしもそうでなくてもいい。それ自体で美しく、価値あるもの。それが、真剣な心だ。

自分がなにかに真剣に臨んでいることを過小評価しないでほしい。真剣になれることは、意外にも多くない。愛だろうと、仕事だろうと、夢や挑戦だろうと。ひとりの人間が、100パーセントの心を傾けて、最善を尽くす。それは、案外難しいことだ。

心を注ぎ、集中力を保ちつづけることは決して簡単ではない。そのため、真剣に事にあたるという場面は、人生で数えるほどしかない。世界にはたくさんの物語があふれている。そのうちの大部分は忘れられ、数少ない作品だけがいつまでも語り継がれる。

今も語り継がれている作品には、真剣な思いが光っている。どんな話も、そこに真剣さが宿っているとき、人々に愛される作品になる。僕たちは、成功を収めた人をうらやましがったり尊敬したりすることはあっても、それに感動することはない。人は、真剣に事に臨む姿やそんな思いを目撃したときに心を動かされ、感動を覚えるからだ。

長いあいだ語り継がれている物語に登場する主人公のように、真剣な心で臨む姿はそれ自体で美しい。誰かに認められなくても、次につながらなくても、そういう結果とは無関係な美しさ、たぐいまれな価値がそこにある。

81　毎日起こしている奇跡

———————————————————— ✳

言葉が伝わっていく過程は面白い。言いたいことを頭のなかに思い浮かべ、思い浮かべた言葉を舌と唇で形作り、息を吐くとその形の振動が起き、それが空気を伝って広がる音となり、音が相手の鼓膜に届き、鼓膜の震えを解釈して初めて、自分の言葉が相手の頭のなかに届く。

なんと複雑なプロセスだろう。こうして細かく見てみると、まるで奇跡だ。こんなにややこしい過程が、なんら意識することなく、数秒のあいだにくり広げられる。

宇宙空間なら不可能なことだ。ひょっとすると僕たちは、毎日奇跡を起こしながら、図々しくもそれを当然のことのように感じて生きているのかもしれない。

海を割くことだけが奇跡ではない。言葉を伝えられること。愛する人の頭を撫でられること。喉が渇いたときに冷たい水をゴクゴク飲めること。家族が作ってくれた料理を味わえること。体を自由に動かせること。好きな人をこの目に焼き付けられること。

自分が毎日起こしている奇跡を
過小評価しないこと。
存在することが祝福であり
その行為のすべてが奇跡なのだ。

82 「結果」が出ればよし、
　　そうでなくてもよし

———————————————————————————— ✳

結果ばかり見ないこと。過程を軽視しないこと。結果も大事だけれど、過程のほうが大事だ。結果だけを見るなら、すべての生命の行き着くところは死にすぎない。お金がたくさんあろうとなかろうと、成功を収めようとそうでなかろうと、結果は同じ。これほどむなしい結果があるだろうか。

大失敗は、懸命に試みた過程があるから。疲れは、疲れるほど努力した過程があるから。心の傷は、それだけ真剣に相手にぶつかっていった過程があるから。死は、この世に生を享け、生きてきた過程があるから。

過程が美しい人こそ、真に美しい。望んだとおりの結果でなければ美しくないと考えるなら、それは行き過ぎた欲望だ。もちろん、望みどおりの結果が出るに越したことはない。

ただ、そうでなかった場合も自分を責める必要はない。望みどおりの結果でなかったからと、それまでの過程をすっかり忘れ、自身を呪い、身を滅ぼすことほど愚かなことはない。

人は欲望をもつ生き物だ。
だから仕方ないにしても
結果が出ればよし、そうでなくてもよし、
そんな心構えが必要だ。
あなたの生きてきた過程は、じゅうぶんに美しいから。

83　人間が抱える矛盾について

————————————————————————————————　✳

人間は水がないと死んでしまう。塩がなくても死んでしまう。この2つは海から得られる。でも、驚くべきは、人間は海水を飲んだら死んでしまうということだ。海水を飲みつづければ、その塩分濃度のせいで脱水症状を起こし、命を落とすことになる。

生命の起源をたどれば、人間の始まりは海にある。地球上の生命体は海をルーツとするからだ。水、塩、人間、そのすべてが海から生まれている。だから、人間の生存に水と塩が欠かせないのかもしれない。

にもかかわらず、人間は海水を飲むと死んでしまう。これほど皮肉なことがあるだろうか。人間の生存に必要なのは、ほどほどの水分とほどほどの塩分なのだ。

たとえそこから生まれたとしても、海水は人間にとってしょっぱすぎる。こんな具合に、人間という生命体は生まれながらにして軟弱で、ひどく矛盾している。つまり、人間の弱さや矛盾した行動は、当然のことなのかもしれない。

ときには、軟弱で矛盾した自分の姿に反吐が出そうなこともあるけれど、起源にさえ逆らう生命体なのだから、これが自然といえば自然なのだろう。海水の例に見るように、人間には何事もほどほどがいい。

84 多くを知らないがゆえの純粋さ

子どもを撮った動画は再生回数が伸びる。子どもが登場するファミリーバラエティ番組は視聴率が高い。人は、子どもの無垢な行動と純粋な表現に感動する。

大人は、子どもの無邪気な笑顔につられて、馬鹿みたいに笑う。子どもがなにか失敗しても、ただ愛おしそうに見守る。なぜだろう。もしかするとその姿に、過去の自分を重ねているからではないだろうか。忘れてしまった純粋な自分をそこに見つけるからではないだろうか。僕たちもみんな、あんなふうに生きていたと。

傷つくことも知らなければ、損得勘定もなかった。疑うことも恐れることもなく、まっすぐに表現していた。我慢しなかった。湧き起こる感情に抗わず、悲しければ泣き、嬉しければ笑った。演じることなどなかった。好きならかじりつき、嫌いなら吐き出した。

ひょっとすると、いちばん人間的で、いちばん自分らしい姿。まだ幼すぎて、相手の立場を考えるという尊重やマナーには欠けるけれど、それを補って余りあるくらいの正直さがあった。限りなく澄んでいた。それを見る人の心も晴れるほどに。

知らないことばかりだけれど純粋だった自分と、多くを知ったけれど濁（にご）ってしまった自分。相対的なものだから、どちらがいいかはわからない。でも、懐（なつ）かしい。一点の曇りもない無垢な純粋さで、世界と向き合い、人と向き合っていたころ。なにを心配するでもなく、幸せいっぱいだったあのころが、ひりつくほどに懐かしい。

85　生きているだけでつらい

──────────────────────────────── ✳

ただ生きているだけで、とてもつらい。人生が美しいだけのもの
なら、この世にみずから死を選ぶ人などいないだろう。自殺とは、
自分で自分を殺す行為だ。人間という種に限らず、死は、生物に
とってなにより恐ろしいものに違いない。それは、最も原初的な
恐怖の向こう側にあるためだ。

実際、死にたくて屋上に上がったはいいが怖くて飛び降りられな
かったという経験談は、巷にあふれている。それでもついに実行
してしまう人がいるのだから、生きるとはどれほどつらいことか
想像がつくだろう。逆に言えば、そんな行為を躊躇なくやっての
けるほどつらいのが人生というわけだ。

僕たちは今、誰かが死を選ぶほどつらい「人生」なるものを生き抜いている。このつらさは、単純な感情ではない。むなしさ、徒労感、喪失感、みじめさ、自己卑下、不甲斐なさ、苦々しさ、孤独感、無力感、悔しさ、嘆かわしさ、劣等感、挫折感、苦しみ、悲しみ、痛み、切なさ、憂い、苦悩、寂しさ、恋しさ、羞恥心などの多様な感情からなる。

こうして並べてみると、その多様さに驚く。このすべてに耐えながら生きているのかと。自分を誇りに思い、褒めてあげていい。誰かは投げ出してしまう人生を、自分も投げ出していたかもしれない人生を、どうにか耐え抜き、つなぎとめたのだから。

　　　　　そんな自分自身を抱きしめてあげよう。
　　　誰しも似たような苦労を味わうというけれど
　　あなたの人生でいちばん苦労しているのは、あなただから。

86 「幸せ」を支える4つの条件

*

幸せの条件は4つ。時間、健康、お金、愛。この4つは、椅子を支える4本の脚のように、幸せを支える条件となっている。どんなにお金があっても、働いてばかりいて時間が足りないのなら、富める者とは呼べない。反対に、24時間を自由に使うことができても、お金がなければ経済的に自由になれない。

お金と時間はあっても、健康を失えばなにもできず、寝たきりでいるしかない。富の頂点に上りつめた某グループ企業の会長の晩年のように。健康で、お金も時間もあるけれど、愛する人がいないとなれば、それもまた無意味だ。どんなに恵まれていても、あるのはむなしさだけ。すべてを手に入れても、心から愛する人がいなければ、生きる意味は失われる。

４本の脚のうち１本が折れたら、椅子は立っていられない。一方で、幸せの条件のうち１つが欠けていても、合理化して幸せと感じることはできる。ただ、その期限はごく短い。いざ生きてみると、幸せとは言いがたいことを実感する。

かつては、愛する人がそばにいてくれるだけで、永遠に幸せでいられると思っていた。でも、貧しさを前に、愛はむなしく去っていった。健康な体があれば怖いものはなかった。でも、健康は年と共に失われていくもの。お金さえあればすべて解決すると思っていた。でも、仕事で成功しても、歩けないほど体を悪くしては意味がなかった。

健康、お金、愛の３つすべてをクリアしても、仕事にすべての時間を取られては、家族を気遣うこともままならない。このように、４つの条件を最大限に満たすことはできなくても、ほどよく満たすことが幸せにつながる。このことをしっかり頭に入れ、前もって備えておくことが大切だ。

87　失われていくものばかりに
　　とらわれないで

———————————————————✳

一部を失ったからと、まるですべてを失ったかのように悲しむことはない。愛も、人も、仕事も、お金も、生きていれば失うこともある。程度の差はあれ、なにかを失う瞬間は誰の身にも起こる。

喪失は、それくらい自然で、当然のことだ。それなのに、すべてを失ったように振る舞う。人生が終わったかのように悲しみ、つらくて夜も眠れない。

あまりの寂しさに、思わず涙があふれる。心は古びた壁のように、ひびと傷だらけだ。そこからやるせなさともどかしさが、隙間風のように入り込んでくる。

息をつき、広い視野で世界を見よう。人生は思うより長く、巨大だ。身震いするほどの苦しみも、あとになって振り返れば一瞬の出来事。ぼろぼろになった心も、遠目に見れば人生の一部にすぎない。

下手に悲しみをふくらませて、心を痛める必要はない。時がたてばなんのことはない。失うものがあれば、得るものも現れる。だから、失われていくものばかりにとらわれないこと。得られるはずのものを逃さないためにも。

＊ 言葉を伝えられること。

愛する人の頭を撫でられること。

喉が渇いたときに冷たい水をゴクゴク飲めること。

家族が作ってくれた料理を味わえること。

体を自由に動かせること。

好きな人をこの目に焼き付けられること。

その行為のすべてが奇跡なのだ。

88 人生に読点を1つ

——————————————— ✳

清々しい瞬間がない。活力よりも、疲れと共に生きる毎日。日々
の用事をこなすだけで精いっぱいだ。朝目覚めるとき、頭痛か腰
痛、どちらか1つが必ずついてくる。

かつては爽快な気分で朝を迎えていた。子どものころに感じてい
た、身の軽さ。いつのころからか、完全に失っていた。忘れたの
ではなく、失ったのだ。

悲しくて、残念だ。洗濯物のように垢染みてしまった気分。真っ黒い脂染みが内側にまでこびりついている気がして、くさくさした気持ちになる。

たびたび昔を思い出すのは、混じりけのない清らかさが懐かしいからだろう。体が疲れると、心も疲れる。心が疲れると、体も疲れる。２つで１つの自分だから。

自分をいたわってあげたい。騒々しいこの場から抜け出したい。海で、新しい、生まれたての風を感じたい。魂までも浄化される、そんな気分を。日を追うごとに心の底から願う。息苦しい人生に読点を１つ打ちたいと。

89 僕たちには、幸せになる資格がある

──✳

不幸には寛大なのに、幸せには手厳しい。まるで、幸せになってはいけないかのように。ある歌手がテレビで、そんな自分に気づく方法を教えていた。明日が来なければいいと思う理由と、明日が来てほしいと思う理由を書き出してみるのだ。

明日が来なければいいと思うわかりやすい理由を挙げてみよう。出勤、登校、月曜日、受験日、カードの決済日、税金納付、気が進まない業務、課題、関わりたくない人、げんなりする口臭、タバコ臭、聞きたくない小言、顔も見たくない上司などなど、挙げればきりがない。

ところが、明日が来てほしいと思う理由となると、その数は一気に減る。すてきな、もっともらしい、偉大な理由でなければならない気がするからだ。ひとことで言えば、カッコつけたいという心理が働いている。

好きな人にメールを送る、その人のインスタグラムを見る、青い空と白い雲を目に焼き付ける、真っ赤な夕焼けを写真に撮る、評判の店でごはんを食べる。モバイルゲームのレベルアップ、ドラマの続き、待ちに待った映画の公開日、大好きな歌手のアルバム発売日、自分へのご褒美を買う、お気に入りの作家の本を読む。こんなふうでいいのに、なぜかそれでは説得力に欠ける気がして、書くのをやめてしまう。

ささいなことこそが
一日を幸せなものにしてくれるのに。
自分から不幸になるのはやめよう。
反対に、不幸には厳しく、
幸せには寛大になろう。
僕たちには、幸せになる資格がある。

90 生きてみれば、生きられる

———————————————————✳

とうてい無理だと思えることも、ああでもないこうでもないと試行錯誤するうちに、どうにかやり抜いている。難題を前にして、先が見えず胸が押し潰されそうなときも、気がつけばどうにか生き抜いている。

どこかが壊れてしまったかのように浮かばなくなった笑顔も、むなしく去っていった喜びも、尽きてしまった情熱も、生きてみれば戻ってくる。
干上がることのない泉、悲しいときだけほとばしっていた涙の泉。
それが歓喜に満ちてあふれる日が、運命のごとくまた訪れる。

永遠かと思われる夜の闇を、朝陽が必ず照らすように。あなたを蝕むその闇も、光は容赦しない。その心に差し込み、再び明るく照らし出す。

信じなくてもいい。疑ってもいい。それでも、その日は必ず来る。この世に生まれ、死んでいくことを拒めないように。神様との約束のように。生きてみれば、生きられる。

4章

あなたがいて、
本当に
よかった

◇

───そばにいて、わかり合える喜び

91 「相性のいい人」の条件

1. 話が合う

会話してみると、話が合わない人は意外に多い。会話がぷつぷつ途切れたり、次の言葉が出てこなかったり、すぐに話題が尽きたり。同じようなことに興味をもち、考え方が似ていないと、話は合わない。話が合わないと、楽しいとも感じない。

2. ときめきよりもリラックス

ときめきはいいものだけれど、感情の起伏でもある。浮き沈みがあるのだ。それよりも、一緒にいると気持ちが落ち着く、安定感のある人がいい。ときめかなくていいというわけではなく、リラックスできる安定感のほうが大事という意味だ。

3. 価値観が合う

価値観が合わなければ、なにをやってもすれ違う。同じ方向を見るべき人がよそ見ばかりしていると、隣にいる人は何倍も疲れる。

4. なんでもないことが楽しい

それほど面白い冗談や飛び抜けたセンスじゃないのに、なぜか口角が持ち上がってしまう。一緒にいて笑うことが増えるのは、あなたと合うという証拠だ。

「いい人」とは
性格がいい人やいい行ないをする人ではなく
自分と合う人だ。
社会でいわれる「いい人」と
自分にとっての「いい人」を見分けよう。
相性が合って初めて
安定した関係を築き、未来を描けるのだから。

「いい人」とは
性格がいい人や
いい行ないをする人ではなく
自分と合う人だ。

92 「夜通し一緒にいたい人」と
「一瞬も一緒にいたくない人」

明日のことなど考えず、夜通し語り尽くしたい人がいる。反対に、たった10分一緒にいると思うだけで、気が重くなる人がいる。

相手に心を預けられるかどうかの違いだ。心を預けられない関係に時間を費やすことほど、もったいないことはない。人間に与えられた唯一の財産は、お金ではなく、時間だからだ。

僕たちは、意味のある人生を生きたがる。有意義な人生を送れないままこの年になってしまったと、幾度後悔したか知れない。時間を有意義に使うことは、思うより難しいことじゃないのに。なにか特別なことをするわけでもないのに。

心から好きな人と一緒に時を過ごすこと、楽しくてたまらないことに熱中すること、湖のような静かで穏やかな場所でひと息つくこと。こんなふうに、自然と心が赴くことだけに時間を使うのだ。

時間を感じ、意識しよう。心が赴く先には、貴いものがある。そこに時間と感情を注げば、無意味な人生を色とりどりに充たせる。一緒にいたいと思わない人に、時間と感情を無駄遣いする必要はない。

93　当たり前だから、いっそう貴いもの

人間は本能的に、当たり前のものを貴く思わない。道端で見かける鉱物である土には見向きもしないのに、稀少な鉱物である金とダイヤモンドには高値をつける。さらに、見かけは似ているものでも、その実を問う。

キュービックジルコニアとダイヤモンドは、見た目には大差がないように思える。金メッキと純金もまた、専門家でなければ区別するのは難しい。２つともピカピカと金色に輝いている。それなのに、貴重だといわれるものしか貴重だと思えない。幼いころから見て育ったものも、見慣れているだけに特別だと感じない。

韓国人にとって、韓国の伝統的な家屋である韓屋^{ハノク}は、大小の差はあっても身近な存在で、大きな感動を呼ばない。一方で外国人は、東洋の美を見るために高い旅費を払い、韓屋に熱狂する。

反対に韓国人は、サントリーニ島に連なる白い家とパリのモンマルトルを見るため、喜んで財布を開く。こんなふうに、東西を問わず、人は身近にあったものには感動しにくい。慣れてしまい、無感覚になっているからだ。家族の愛と同様に。

外で会った他人には時間と誠意を惜しまないくせに、いざ家では家族を大事にしない。当たり前のように思われる家族の愛こそが、本当はなにより貴いのに。人類は、金とダイヤモンドがなくても生きていけるけれど、土がなくては滅亡してしまうように。

94 自分にとって本当に大切な人

人は主に、仕事に関わる人の前でいいところを見せようとし、歓心を買おうとする。それが、実績や成果につながるからだ。成功に直結しているという思い込みからだが、本当に大事なのは、そういう人たちじゃない。

あなたの周りにも、くだらない会話を気楽に交わせる人がいるはずだ。この一カ月、そんな日常会話をいちばんたくさん交わした相手を思い浮かべてみよう。生きる上で、その人がとても大切な存在であるのは間違いない。

ところが僕たちは、その事実を軽んじて、感謝を表わすこともない。感謝しようにも変に照れてしまい、どこかこそばゆく、気まずい空気になる。それだけ気楽で、近い存在だからだ。

けれど、そういう人にこそきちんと表現するべきだ。あなたにとって、なにを差し出しても決して惜しくない人だから。必ずしも、改まった態度で真面目な言葉を述べる必要はない。華やかな演出も必要ない。

その人が普段欲しがっていたものをさりげなくプレゼントしたり、好きな食べ物のお店に連れて行ったり。そうすることで感謝を伝えるのだ。感想を共有したい本を贈るのもいい。なんであれ、いいものを分かち合うこと。それでじゅうぶんだ。

95　人生を共に歩みたいのは
　　　「価値観の合う人」

価値観の合う人を見つけよう。恋人探しにおいて多くの人が優先するのが、外見と性格、次に職業と年収だ。意外にも、価値観が合うかどうかは後回しにされることが多い。

いつも仲良く和やかに過ごすため、さらには、生涯を共にするためには、価値観が合うかどうかがなにより大事だ。そこが通じていれば、いちいち合わせようと努めなくても、互いに理解し、相手を立体的に見ることができる。

人生の伴侶とは、足並みをそろえて同じ方向へ向かう人のことだ。それなのに、片方がしょっちゅうよそ見をしているとなると、隣を歩く人の苦労は計り知れない。

不安なことだらけの人生、その中心となる価値観さえもぐらつけば、人生はとりとめもなく不安定なものになってしまう。いくら条件がそろっていても、価値観が合わなければ、長続きしないか不幸になってしまう。

考え方や話が合うかは
ほんの少しの会話でわかる。
会っている時間が楽しく
深みのある会話が長続きするようなら
価値観の合う人だ。
そんな人と共に歩む人生は
この上なく幸せだろう。

96 理解できない人を理解する秘訣

理解の秘訣は、認めること。どちらかが勝つ必要などない。人間関係で勝敗を決めることになんの意味があるだろう。試合や競技をやっているのではなく、共に生きようとしているのだ。ここで相手に勝ったからといって、本当の勝利ではない。

その関係は、勝敗が決まった瞬間に壊れてしまうから。意見の差がとうてい縮まらないなら、すっぱり認めてしまえばいい。そっくりそのまま受け入れるのだ。

難しく感じられるかもしれないが、いざやってみるとそうでもない。そもそもが、性格も異なれば考え方も異なるのだから、完璧な理解などはなからありえないのだ。ほとんどの場合、一方が正しく一方が間違っているのではなく、双方が正しいから争っている。正しさと正しさの対立だ。

つまり、互いに譲れず、理解できないから争っている。相手を認めてしまえば、ケンカにならない。大事なのはバランスだ。バランスは理解によってのみ保たれる。理解できなくてバランスが崩れるのなら、お互いが少しずつ譲り合えばいい。

相手に譲る、それが認めるということだ。
理解できなくても認める。
それが、理解できない人を理解する秘訣だから。
こじれた人生を、賢くときほぐそう。

97 「気持ちをわかってくれる人」を
見つけよう

こちらの感情をひどく消耗させ、気を揉ませる人ではなく、気持ちをわかってくれる人を見つけよう。あなたにつらい思いをさせず、あなたの思いや心の動きまで、ちゃんと理解してくれる人。どこかに必ずいるはずのその人を捨て置いて、性悪な人間のために心を痛める必要はない。

どんなに尽くし、努力しても、返ってくるのはその場限りの反応だったり、当然のように無視したりする人間。そんな人をそばに置けば、人生を狂わされることは目に見えている。

「この人を失うかもしれない」という脅迫観念にとらわれ、自分を追い込む。その人の言葉にだけ耳を傾けて生きるようになる。そんなことをくり返すうちに、心はカラカラに干からびていく。気苦労で眠れなくなり、唇はひび割れてしまう。

そこまで自分を犠牲にしてはいけない。いい人は、相手の犠牲を望まない。そんなふうに自分を犠牲にしなくても、気持ちが通じ合い、意気投合でき、愛おしく思える関係がある。信じられないと思うかもしれないが、探してみれば必ずある。

いい恋愛も、いい結婚も、この世界にあふれている。だから心配せずに、そんな悪縁はさっさと断ち切ること。大切なのはその人ではなく、あなたなのだから。

98 「言葉を選ぶ人」から伝わってくる
　　真心

◇

言葉を選ぶ人がいい。たんに聞き心地がいいからではなく、自分のことをどう思っているかがわかるからだ。言葉を選ぶには、口に出す前にもう一度考えなければならない。

どんなことを言えば相手が喜ぶか、いやな気持ちにならないかを厳選するプロセスを経るわけだが、この心遣いそのものが嬉しい。心にもないお世辞やでまかせは、どこかわざとらしい。心のこもった、選りすぐりの言葉は、簡単に出てくるものではないから。なにより、相手を思い、どんな人なのかと関心をもって、相手を注視しなければならない。よく着る服の色、好みの食べ物、好きな歌。厳選された言葉はこういった態度と直結していて、細やかな心遣いを実感させてくれる。

相手に自分が大切にされている気がする所以だ。社会生活のとげ
とげしさは、無彩色の都市に似ている。そんな日常に色を添えて
くれるのが、厳選された美しい言葉だ。聞けば心が華やぎ、感情
が彩られ、生き生きした一日に取って代わる。

ひとことひとことに心がこもり、同時に、真心がのぞく言葉。あ
たかも、凍えるような寒い日に、ポケットのなかで温めた手で冷
えた手を包んでくれるかのような。言葉にしなくても、言葉を選
んでいるという時点で伝わってくる。「あなたが大切」というメッ
セージが。

99　ときめきよりも安心感

かつてはときめく関係を求めていたけれど、今は安心できる関係がいい。安心感のある関係からは不安など生まれず、地に足をつけて生きることもできる。

不安がなくなると、多くが変わる。そもそもが、心を揺さぶるほどの大きな不安がなくなって初めて、相手を信頼できる。すると相手のどんな言動にも、簡単には動じなくなる。

人生は、日常も社会生活も不安なことだらけ。そんななかで得られる安心感は、特別なものだ。だからこそ、安心感を与えてくれる人だと思うと心が安らぎ、一緒にいたくなる。

心に余裕ができるほど、さらに相手を理解できるようになり、ど
んな素顔も見せられるようになる。心を開ける。無理やり相手に
合わせるようなことをしなくていいから、疲れない。

ピンク色のときめきは少々足りなくても、一緒にいるとお互いに
安心でき、支え合える、健康的な関係。だから今は、ときめきよ
り安心感だ。

100　人を見極めるいちばんいい方法

いい人かどうか、簡単に見分ける方法がある。相手の出方を待ったりせず、こちらからできる限り尽くすのだ。

すると不思議なことに、2つのタイプに分かれる。尽くされることを当然の権利のように思う人と、自分もベストを尽くして応えようとする人。

十中八九は、尽くされることを当然に思う。相手の好意と親切を、努力と犠牲ではなく、ただの性格と受け止めるタイプだ。

残る1人か2人が、こちらと同じようにベストを尽くそうとする。誠意と真心とはなにかを知っていて、こちらを軽んじるようなことはしない。あなたの行為と親切にどうすれば報いることができるかを考え、実践するタイプだ。

これなら、いい人かどうか頭を悩ます必要もないし、のちに裏切られて後悔することも、時間を無駄にすることもない。自分から先にベストを尽くすこと、それが人を見極めるいちばんの方法だ。

考え方や話が合うかは
ほんの少しの会話でわかる。
会っている時間が楽しく
深みのある会話が長続きするようなら
価値観の合う人だ。
そんな人と共に歩む人生は
この上なく幸せだろう。

101　消費期限の過ぎた愛への対処法

愛は油性ペンと同じ。一度心に書くと消えない。かりそめの愛や
恋愛ごっこのような浅い感情は、鉛筆と同じですぐに消える。と
ころが、真の愛は油性ペン、それも油性のフェルトペンだ。

強い匂いと、太く濃い線。いつまでも鮮明に残り、涙をこぼして
もにじまない。これが鉛筆なら、消しゴムで簡単に消えてしまう。

でも、油性ペンで書いた跡を消しゴムでこすったところで、紙が泣くばかりだ。無理に消そうと強くこすれば、紙は垢すりをしたときのように毛羽立ちはじめ、やがて穴が開き、ついには破れる。

愛も同じだ。いくら忘れようとこすってみても、心が泣くだけ。どうしても消したいなら、心にメスを入れてえぐり取る以外に方法はない。消えないものを消すには、想像以上の痛みを伴う。

生身と一体になっている思い出を丸ごとえぐり取るのだから、痛みがないほうがおかしい。消費期限の過ぎた愛への対処法は2つだけ。生涯抱えて生きるか、えぐり取るか。

102　恋心が芽生える時差

国ごとに時差があるように、人にもそれぞれ時差がある。だから、同じ言葉を聞いても、理解できる速度が異なる。感情が満ちる速度も、恋に落ちる速度も。

これは世間で個人差と呼ばれているけれど、そんな言葉では説明しきれない。具体的には、「個人の時差」といえるだろう。

いくら同じ土地に暮らし、同じ教育を受けても、考え方は人それぞれだ。生まれた環境が異なり、生きてきた軌跡が異なるから、人はそれぞれに独立した世界をもっている。ゆえに、時差が存在する。愛、友情、信頼といった感情の交流は、個人と個人のあいだを滑空する飛行機に等しい。

片想いの相手にいきなり告白しても、相手にとっては唐突極まりない。一方的に好きだと伝えても、相手からすれば実感が湧かないだろう。ある程度の時間を経てようやく関心が生まれ、徐々に好きだという気持ちが芽生える。そうして初めて、相手も恋に落ちる。

こういう時差があるために、すれ違うこともしばしばだ。こちらに恋心が芽生えていても、相手にはまだ時間が必要だったり、相手に恋心が芽生えたころには、こちらが冷めていたりする。大事なのは、この時差を理解し、うまく合わせることだ。

103 個性とは
「パズルのピース」のようなもの

人にはそれぞれの形がある。パズルのピースのように、特徴は見事にばらばら。それは生まれつきの性格や、育った環境、受けてきた教育によって決まる。これは、個性とも性向とも呼ばれる。自分ではどこにでもうまくはまれそうな気がするが、そうはいかない。

自分の形をきちんと把握していないから、そんな思い違いをする。学校や社会のなかで、他人と接してみることでわかるようになる。人の形はそれぞれなのだと。

お互いの個性がはっきりしているほど、形は合いにくくなる。誰より身近な存在である家族とさえも。それなら、無理に合わせる必要はない。

明らかに合わないピースを無理やりはめ込むことで、パズルを完成させることもできる。でも、そうしたところで、不恰好なパズルになるだけだ。無理にはめたピースは、醜く歪んでいる。

自分を疲れさせ、つらい思いをさせる人に合わせる必要はない。そうしたところで意味もなければ、そうしてできあがった関係はひどく歪んでいるはずだから。

104 「愛」と「歪んだ執着」との違い

◇

執着を愛と勘違いしてはならない。肝心の相手への関心はなく、小さな気遣いも面倒くさがるくせに、ひたすら相手を縛ろうとする。ほかの人との出会いを恐れて、相手のプライベートに踏み込む。小さなことにもいちいち反応し、人との連絡を遮り、ＳＮＳまで管理しようとする。

明らかに、自己肯定感の低さの表われだ。どんな一日だったか、なにがあったか、誰のせいで落ち込んでいるのか、どんな不安とプレッシャーを抱えているのかには興味がない。

頭にあるのは、あなたの視線を自分だけに向けさせること。こんな歪んだ執着を、愛だと信じている。問題は、縛られている人も、これを愛だと信じてしまうこと。

人は、いちばん近くにいる人がくり返す言葉に、無意識のうちに洗脳される。変だと感じ、いい加減にしてほしいと思っても、「愛してるからだよ」というひとことで、ほだされてしまう。

もっともらしい言葉に騙されそうになるけれど、実際は、あなたを守ろうとしているのではない。自分の権利を守ろうという魂胆だ。

愛という名のもとにあなたを所有し、その権利を守ろうとする。歪んだ執着を愛と混同させる心理的虐待、ガスライティングの一種だ。

一日も早く気づき、そんな人からは遠ざかるべきだ。あなたは、縛られて生きるにはもったいない存在、愛され、尊重されるにじゅうぶん値する人間なのだから。

105 「どんな感情をもつべきか」まで
　　　強要してくる人

「機嫌を悪くするようなことじゃないと思うんだけどな」
「こんなことで拗ねるとは思わなかった」
「なんでそんなに深刻に受け止めるの」

相手がどんな感情をもつかまで強要してくる。一方的に判断して
決める。上のような言葉は、どうにかして相手に責任をなすりつ
けようという卑怯さの表われだ。あなたのことを、どれほどない
がしろにしているかがわかる。

悪い人にはなりたくない、でも、関心をもって細やかに配慮するのも面倒だから、手軽な手段をとる。そう、相手に責任をなすりつけるのだ。そうすれば、自分だけ身軽になれる。

相手のせいにすれば過ちを認めなくていいし、良心の呵責（かしゃく）を感じなくてもいいから。もし冒頭のような言葉を言われたら、我慢して受け流すのではなく、自分がなにを不満に思っているのかをはっきり伝えよう。そうすれば、相手がうっかりこぼしただけなのか、その後もこちらにそうした言葉を投げつづける人なのかがわかる。

こちらの意思をはっきりと、くり返し伝え、
改めるチャンスを与えたのに変わらないなら、縁を切ろう。
その人は、決して健やかな関係を築ける相手ではないから。
あなたが犠牲にならなければ続かない関係は、
いざというときに崩れ落ちる砂の城も同然だ。

こちらの意思をはっきりと、くり返し伝え、
改めるチャンスを与えたのに変わらないなら、縁を切ろう。
その人は、決して健やかな関係を築ける相手ではないから。
あなたが犠牲にならなければ続かない関係は、
いざというときに崩れ落ちる砂の城も同然だ。

106　心理的虐待から逃れる

心を開くことは、悪いことではない。そんなあなたを利用する相手が悪いのだ。二度と心を開くものか、なんと愚かだったのだろうなどと、自分を責めなくていい。

なにも悪くないのに、まるで大きな過ちを犯してしまったかのように自分を責める。くり返し責め立てて自分を苦しめる。いつも相手から、原因はあなたにあると思い込まされてきたから。

ふたりとも間違っていたり、好みや性格の違いがあったり、気が合わなかったりしただけ、タイミングが悪かったせいでもあったはずなのに、否応なしにあなたのせいだと相手は言う。

責任をあなたに押しつけ、自己肯定感を傷つける。ガスライティングの一種だ。そんな心理的虐待のために、人を信じられなくなってほしくない。あなたがもったいない。

そんな関係は人を疲れさせるだけで、なんの得にもならない。自分を変えるのではなく、悪い相手を切り捨てればいい。傷つきたくないからと、誰も信じられない不信の沼に落ちてしまう前に。

107 「いい加減な関心」を 相手に向けない

中途半端な関心は、逆効果を生む。とくに、名前などは要注意だ。チョルスという人の名前を間違って記憶していて、スチョルと呼んでしまうとか。いくら心配そうに「スチョル、心配してるよ」と言ったところで、それを聞いたチョルスは果たして心配されていると感じるだろうか。

名前さえ憶えられないのに、心配もなにもあったものじゃないと感じるだろう。やさしい人ではなく、むしろ自分に無関心な人なのだと相手は受け止める。自分に関する小さなことを憶えてくれていないとき、寂しく残念に思うのもこれと同じ。

ささいな言葉、ささいな行動、ささいな表現を逃さず憶えていてくれると、それだけ関心をもって見てくれていたのだと感動する。

反対に、ささいな点を見逃し、でたらめなことばかり言う姿をくり返し目にすると、寂しくなってくる。人は多くの場合、自分の経験に照らし合わせて拡大解釈する。一を聞いて十を知るように、小をもって大を判断する。

よくない習慣だが、経験値というものは無視できないから仕方ない。こういった点を理解しておけば、不正確でいい加減な関心を相手に投げることもなくなる。おざなりな関心は、関係をこじらせる近道だということを肝に銘じよう。

108　行動だけが「本気」を証明する

「本気」という言葉が好きじゃなくなった。「本気」とは、言葉で表わせるものだろうか。口ばかりの場合がほとんどであることを長い経験から悟り、「本気」という言葉を聞くとかえって警戒するようになった。

そうしていつしか、相手の行動だけを信じるようになった。「本気」という言葉を利用して近づいてくる人間、言い訳に使う人間は数知れない。

なにより、言葉と行動が一致しない人間が多すぎる。何度も経験してわかった。その人の言葉ではなく、その人の行動だけが「本気」なのだと。

そばにいると言っておいてそばにいない、君だけを守ると言っておいて守らない。ずっと一緒にいようと言ったのに一緒にいたのはいっときで、自分は違うと言ったのに同じだった。「本気」はいつの間にか、人をたぶらかすときか言い訳にしか使われない言葉に成り下がってしまった。

本気で「本気」の人は、そう言っている暇があれば行動する。そばにいると言うまでもなく、すでにそばにいる。本気だからだ。口だけの「本気」には、なんの力もない。ひとえに行動だけが「本気」を証明する。本気の人に会いたい。その人に、自分の本気をいやというほど見せてあげたい。

109 「一方通行の関係」は
　　　 振り切るのが正解

また自分だけ本気だった。少しも残念がらない態度からして、必死にしがみついていたのは自分だけだったらしい。関係は日増しに危うさを増していった。

自分だけが寂しく、不安で、胸を痛めていた。自分が振り切ればすべて終わる気がして。これ以上努力しても変わらないと知っていたから、よけいに無力だった。

一方通行の関係は、努力した時間がむなしくなる。どこまでみじめなんだろう。こんな気分をあちらはわかっているだろうか。それなら、あんなそっけない態度も少しは変わっていただろうか。

こんなことなら、最初からやさしくしてほしくなかった。距離が縮まる前に遠ざけてほしかった。心を溶かすやさしさを見せられて、関係が深まっていくものと感じていた。でも、それは自分ひとりの錯覚だった。

こんなふうに考えていると、憎らしくもうんざりもするのに、忘れられない。別れたあとになって、本気で自分を好きになってくれた人を逃してしまったと後悔すればいい。

自分だけが本気の関係は、振り切るのが正解だ。自分から断ち切る勇気をもとう。

110　岩のように大きな愛情が
　　　砂粒になるまで

無関心は人をみじめにする。関係が不毛に感じられるほどに。岩のように大きな愛情も、長いあいだ無関心にさらされると、見るも無残に砕けて砂粒と化してしまう。

相手への気持ちが強いほど、相手からの関心を感じられないと、みじめさが増していく。お互いの気持ちは確かなのに、自分だけが一方的にしがみついているような気になる。

ささいなことに関心をもち、もう少しだけやさしく話し、一回でも連絡の数を増やすこと。それでじゅうぶんなのに。難しいことを望んでいるわけでも、多くを望んでいるわけでもない。

そもそも、多くを望んだこともないから、よけいに寂しくなるの
かもしれない。愛されているという気分を満喫させてくれとまで
は言わないが、少なくともみじめな気持ちにさせないでほしい。

そんなあなたに頼みたい。あなたがそんな扱いを受けていい人で
ないことはもちろんだが、万が一どこかでそんなひどい扱いを受
けたとしても、あなただけは誰かに同じことをしないでほしいと。

111 愛する人から疎んじられる苦しみ

愛する人から受ける疎外感には、塗る薬もない。なにが違うのか
と思うかもしれないが、疎外感には種類がある。

学校や職場など、所属する団体から受ける疎外感、友人たちから
受ける疎外感、家族から受ける疎外感。環境も、過程も異なる。

こういったあらゆる疎外感をすべて相殺してくれるのが、愛する
人からの愛情だ。唯一無二の薬。ところが、そんな人から疎んじ
られると、特効薬はない。

たんなる比喩ではない。なにかが壊れてしまうからだ。それは外見かもしれないし、心かもしれないし、健康だった精神かもしれない。

執着が生まれたり、神経質になったり、極度に敏感になったり、感情の起伏が激しくなったり、何日も食べなかったり、暴飲暴食したり、眠れなくなったり、吐いたり、病気になったり、無気力になったり。疎外感はそれだけ人を苦しめる。鬱憤がつのり、正常な自分ではいられなくなるのだ。

112 あなたが現れてから孤独を知った

この孤独はあなたのものだ。だから、とっとと持ち帰ってほしい。
もともとひとりだったころは、孤独なんか知らなかった。なのに、
あなたが現れてから、孤独を知った。

一緒にいるのに、こちらを見向きもせず携帯に見入っているとき。
小さな変化になんの関心も示さないとき。味方が欲しくて話した
のに、かえって相手の肩をもたれ、原因はこちらにあるのではな
いかと疑われたとき。こちらからしか連絡してない気がするとき。
待つのはいつも自分、そう気づくとき。

じんじんと身にしみる寒さが雪のように降り積もり、いつもの道を冷たく凍らせる。凍りついて滑りやすくなった地面の上で、僕は無力にも転ぶほかなかった。

この孤独の出どころは、はっきりしている。出どころが確かなぶん、信頼は薄れていく。この孤独は、あなたにもらったものだ。もとはあなたのものだから、持ち帰ってほしい。これ以上の孤独は、もうお断りだ。

113 計算せずに愛情を差し出せるか

愛していると言いながら、裏では計算していた。期待を裏切られるたびにそうした。「自分はそんなことしなかったのに、この人は」とすぐさま計算機を叩いた。

愛するだけで精いっぱいのはずなのに、馬鹿を見たくないからといっそう計算高くなっていった。それが自分を愚かな人間にするとは知らずに。なぜなら、そのせいで輝く純粋な心を失っていったのは、もっぱら自分のほうだったから。

物質的に、心理的に、一方的に尽くしている気がして。でも、あとから振り返ると、後悔なく愛せたのはいつでも、差し出す側だったときだ。未練はなかった。計算せず差し出していた自分は、愛に真正直だったから。

計算することに心と時間を無駄遣いした人と、計算せずに差し出して一途に愛を守り抜いた人。果たしてどちらがマヌケだろうか。よけいなことに心と時間を費やすことなく、まずはきちんと愛すべきだ。

114　取り返しがつかなくなる前に

相手は確信が欲しいのに、あなたが口にするのは筋違いの言い訳ばかり。こうなると、別れは避けられない。別れに至るには、それなりの理由がある。やり直したいのなら、原因がなんであれ、その過ちを二度とくり返さないという確信を与えることが必要だ。

でなければ、別れは免れない。やり直すことも、元のさやに収まることもない。同じ過ちを絶対にくり返さないという決心もなしに、ただ「ごめん」「自分が悪かった」「今後は気をつける」などというありきたりな言葉を言ったところで、なんの意味もない。

必要なのは、すでに起こってしまったことについて言葉で反省するのではなく、決して同じことをくり返さないという行動の変化だ。決心を具体的に伝えた上で、そのとおりに変化した行動を見せていけばいい。

そうではなく、的外れな言葉や言い訳ばかり並べているようなら、相手の心はしだいに遠ざかっていく。あたかもチーズが伸びるように、だんだん薄く細くなっていって、あるときプツリと切れるのだ。

そうなる前に、その人をつなぎとめたいなら、確かな決心と変化した行動で確信を与えてあげること。それをすっ飛ばして、ただやり直したいなどと言っているようでは、いつか取り返しがつかなくなる。

115 あなたになら
喜んで騙されてもいい

もう愛を信じない。ただ、この人にならまた騙されてもいいと思うだけだ。無邪気に永遠を願い、どんな言葉もすっかり信じ、なにもかもが美しく見えたピュアな時代は過ぎ去った。

愛したがゆえにやけどを負い、もだえ苦しんだ。傷が癒えてかさぶたが取れる前に新たな傷を重ね、生傷が絶えない状態。こんな深手を負っているのに、それも、1つや2つじゃないのに、こんな状態で信じろというほうが無理ではないだろうか。

それにもかかわらず誰かを愛するのは、愛を信じているからではなく、この人なら喜んで騙されようという気持ちからだ。

それだけ大切で、大好きな人だから。心の傷に蓋をするほど、惹かれ、ときめく相手だから。愛することに怯え、結末が怖くても、たとえ行き着く先が見えているとしても、喜んで差し出す。あなたなら喜んで騙されたいという心を。

　　　　　　　　　　　　　　悲しいけれど
　　　　　　　　これが傷ついた人の愛し方だ。
　　　　　　　　でも、どうか誤解しないで。
　　　　騙されてあげることと、騙してもいいということとは
　　　　　　　　　　　まったく別のことだから。

116 縁は力ずくで
　　　どうにかなるものではない

◆

袖振り合うだけの縁は、もう追いかけない。なんとか引き留めた
くても、去る人は去っていく。

人脈は広ければ広いほどいいと聞き、人との縁を大事にしようと
努めた時期がある。小さな出会いでも大事にできればいい、そう
考えて、1つ1つの縁に意味を見出そうとした。

でも、時間は限られていて、実際に心を注げる縁はごくわずか
だった。多忙な日常に追われておのずと疎遠になり、どちらから
ともなく関係が遠のいていった。

結果的に、そばに残った人はいくらもいないのが現実だ。そんな
現実が残念でもあり、時には胸を痛めもした。今はわかる。人と
の縁は、力づくでどうにかなるものではないのだと。

未練がましくつなぎとめたり懸命にコントロールしたりするのは、
自分勝手でしかない。近づいてくる人を遮ることも、去っていく
人を引き留めることもない。そうしたところで変わるものではな
いから。是非を問うことでも、悲しむことでもないのだ。

117　切れた縁には「さようなら」

切れた縁は、「さようなら」と送り出そう。そうすれば、心も穏やかになる。いつまでも送り出せないでいたけれど、いざその手を放してみると、ようやく心が解放される。どうしていいかわからず高ぶっていた神経が、嘘みたいに落ち着きを取り戻す。

もうあなたのパートナーではなく、赤の他人だから。その人にかまけているあいだ、後回しにしてきたことがたくさんある。すぐに片付けるべき急ぎの用と、自分を磨くためにやりたかったことが目に留まる。

そうやって再び意欲に満ちた生活に戻ると、日常を生きるにも時間が足りないことを改めて思い知る。他人のためによけいな神経を使うほど、時間は有り余っていない。これ以上、感情と時間を無駄に消費したくない。

折り紙を切ってのりで貼るように、人と人をくっつけることはできない。思いどおりの形に切ることも、勝手に貼ったり剥がしたりすることもできない。人との縁に、無理は通らないから。

しょせんは弱い人間だから、最後まで未練は残るだろう。でも、だからといって無駄なことはしたくない。潔く整理すれば、感情も、関係も、人生も、あらゆる意味ですっきりするはずだ。

118 「最愛の存在」だからこそ、 「最深の傷」を与えうる

家族は愛する存在であると共に、傷をもたらす存在でもある。いちばん近くにいるから、嘘偽りがない。

皮肉にも、嘘偽りというオブラートがないからこそ、傷つけ合うのも簡単だ。生涯抱え込むほどの深い傷は、家族がもたらす場合が多い。

こういった、生涯残る傷は、身体的苦痛を与える家庭内暴力、言葉で胸をえぐる心理的暴力、「金の切れ目が縁の切れ目」と言われるように金銭を巡る裏切りなど、さまざまな手段と方法からなる。

あるときは自分の臓器を差し出せるほど愛し、信じていたかと思うと、あるときは不倶戴天の敵といわんばかりに憎み、恨む。夫婦や親子間だけでなく、兄弟姉妹間でもありうる。

ところが、ものすごい剣幕でいがみ合っていても、次の瞬間には平穏を保っている。不思議なくらいに。普段は敵対していても、家族に危害を加える者がいれば、絶対に容赦しない。家族とは、最愛の存在であると同時に最深の傷をもたらす、愛憎の共同体だ。

119 愛する人があなたのそばに
いるあいだに

僕がどんなに強くなっても、過ぎゆく時の流れから家族を守ることはできない。どれほど富を築き、名声をとどろかせ、世界的な業績を上げても、自分にとってかけがえのない人が年老い、病を患い、死んでいくのを妨げることはできない。

人間は死の前でなすすべをもたず、どこまでも無力だ。その無力感が、なにより人をやりきれなくさせる。涙を流す以外にできることはない。

それでも、愛する人がそばにいるあいだに、一度でも多くこの気持ちを伝え、手を握り、表現し、写真や動画を残すことはできる。時がたったとき、薄ぼんやりした記憶のなかでさまようことのないように。

この世で1つだけなにかを止められるとしたら、時計の針を選びたい。愛するすべてのものは必ず消えゆくのだという揺るぎない真理が、なによりもつらい。

こんなに愛しているものを
なぜ必ず失わせるのかと
神様を呪う夜。
そんな気持ちが永遠という言葉をつくらせ
その言葉に永遠にしがみつかせるのかもしれない。

エピローグ

初体験

「ううん……。モグモグ」

白くて、ねちょねちょしたものがビヨ〜ンと伸びる。まるで鼻水みたいに。生まれて初めてピザというものを見たときの感想だ。子ども時代の僕は、偏食が激しかった。見た目が悪かったり、少しでも変な匂いのするものは食べたがらなかった。

ピザも同じだった。澄んだ純粋な目で見たそれは、まさしく鼻水。おまけに、なんだか変わった匂いがした。母親のスギが口に入れてくれるのを、吐き出したいと思うくらい不快だった。

チーズと呼ばれるそれは、熱いパンの上に満遍なく載っていた。でも、こんなのチーズじゃない。僕の知るチーズは、家の冷蔵庫にあった。四角いパックに入っていて、一枚一枚がビニールに包まれた、黄色くて薄い、冷たい食べ物。

ところが、こんなに熱くて大きな白い物体がチーズだとは。まった

く、人を馬鹿にしてるのか？　母親はチーズだと言うけれど、僕は鼻で笑った。騙されないぞと、その白い物体の上に載っかっているペパロニとオリーブ、ピーマン、タマネギなんかを見つめた。

もちろん、当時は材料の名前など知るはずなく、ただ白い鼻水のようなものの上に、黒色、黄色、赤色が散らばっているな、ぐらいに思っていた。

「モグモグ……ごくり。あれ？　わあ！　お母さん、これなに？」

新境地だった。国語の時間に学ぶ基本的な語彙もまだマスターしていない僕に、味を表現する手段はなかった。ただただ、わあ！と叫ぶほどおいしかった。激ウマだった。一度も味わったことのない、異国的で中毒性のある味。

ひと口嚙むのもいやだという感情はどこへやら、そのユニークな食感に魅了され、あっという間にピザの虜となった。モチモチした食感が最高だった。その後、ピザは月に二、三度は食べる定番メニューとなり、もちろん、食べるたびにおいしかった。初めのうちは、ピザという食べ物に集中し、つらつらと眺めながらひと口ひと口、丁寧に食べた。

ところが時がたつと、片手でピザを食べながら、片手で漫画本を開いていたり、手でピザを食べながらも、目はテレビに釘づけになっていたりした。いつしか、食べているという感覚と、それなりにおいしいという感想しか抱かなくなっていた。

初めてピザを食べたあのときの味と感動は、大人になった今でも忘れられない。でも、初めて味わったときのあの感覚は、もう消えて久しい。

人間の脳は、初めて経験するときのみ強烈な印象を受けるよう設計されている。したがって、その後は同じことをしても衝撃が薄い。味は変わらないのに、受け入れる僕のほうが変わったのだ。

好きな人との初めてのキスも、愛する人との初めての夜も忘れられない。あのしびれるような感覚は、もう二度と味わえない。でも、だからこそ、どんな初体験も強烈に、きらきらと輝くのだ。

　　　　——初めての本を綴るという初体験をしながら

　　　　　　キム・ダスル

이제는 오해하면 그대로 둔다

NOW, IF YOU MISUNDERSTAND ME, I'LL LET IT GO

By KIM DA SEUL

Copyright © 2021, KIM DA SEUL

All rights reserved

Original Korean edition published by BY4M STUDIO CO., LTD

Japanese translation rights arranged with BY4M STUDIO CO., LTD

through BC Agency and Japan UNI Agency.

Japanese edition copyright © 2023 by MIKASA-SHOBO PUBLISHERS CO., LTD

誤解<ruby>誤<rt>ご</rt></ruby><ruby>解<rt>かい</rt></ruby>されても放<ruby>放<rt>ほう</rt></ruby>っておく

著 者　　キム・ダスル

訳 者　　カン・バンファ

発行者　　押鐘太陽

発行所　　株式会社三笠書房
　　　　　〒102-0072　東京都千代田区飯田橋3-3-1
　　　　　https://www.mikasashobo.co.jp

印 刷　　誠宏印刷

製 本　　若林製本工場

ISBN978-4-8379-5815-4　C0030

Ⓒ Kang Bang-Hwa, Printed in Japan

本書へのご意見やご感想、お問い合わせは、QRコード、
または下記URLより弊社公式ウェブサイトまでお寄せください。
https://www.mikasashobo.co.jp/c/inquiry/index.html

三笠書房 単行本

全世界で大ベストセラー!!

HAPPINESS IS THE WAY

運のいい人だけが知っていること

ウエイン・W・ダイアー[著]

山川紘矢、山川亜希子[訳]

いつでも自分の庭を耕しなさい

NY Timesベストセラー作家で"自己実現の世界的権威"による「運のいい人」になるための教え ＊至福感に浸るから幸せになれる ＊豊かさが雨のように降ってくる方法 ＊勇気を出して「好きなこと」をやろう──積極性、行動力、意志の強さ、深い愛……あなただけの「すばらしい物語」の紡ぎ方。心の常識を変えたとき、現実も変わります。

REAL MAGIC

準備が整った人に、奇跡はやってくる

ウエイン・W・ダイアー［著］

渡部昇一［訳］

「望むこと」があっさり現実になる心の法則

あなたがこの「奇跡」を体験しても、なんの不思議もありません。＊あなたの「思い」がすべてをコントロールしている ＊「その先の自分」にチャンネルを合わせる ＊自分の頭から"マイナスの形容詞"をはずす ＊"心のつばさ"に制約はつけられない──豊かさ、気づき、成長、至福感……なりたい自分に近づく「心の整え方」。